# INSTRUCTION



SUR L'USAGE

## DES NOUVEAUX GLOBES TERRESTRES.

DE L'IMPRIMERIE D'A. CLO, RUE SAINT-JACQUES, N°. 38.

# INSTRUCTION

SUR L'USAGE

## DES NOUVEAUX GLOBES TERRESTRES,

DRESSÉS ET DESSINÉS

PAR M. LE CHEVALIER LAPIE,

Chef de Bataillon au Corps Royal des Ingénieurs Géographes du Dépôt de la Guerre ;

PRÉCÉDÉE DE NOTIONS ÉLÉMENTAIRES D'ASTRONOMIE ET DE SPHÈRE,

Dans laquelle on donne une Description succincte des Globes Terrestre et Céleste ; une Table des principaux Lieux qui se trouvent sur les Globes Terrestres, avec leurs latitudes et longitudes.

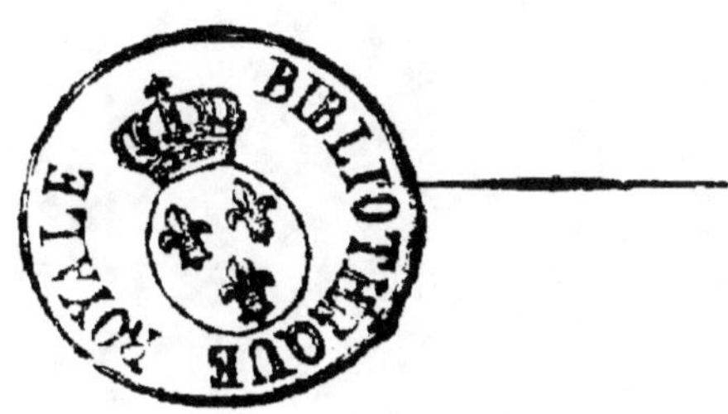

## PARIS,

CHEZ HYACINTHE LANGLOIS, LIBRAIRE, GÉOGRAPHE ET ÉDITEUR,
RUE DE SEINE, FAUBOURG SAINT-GERMAIN, N°. 12.

M. DCCC. XX.

# PROSPECTUS

## DES NOUVEAUX GLOBES TERRESTRES,

De 18 et 14 pouces de diamètre, projetés et dressés d'après les observations astronomiques, les Cartes géographiques et marines les plus exactes et les plus récentes, conformément aux nouvelles divisions et découvertes, avec l'indication des routes des plus célèbres Navigateurs ;

### Par M. le Chevalier LAPIE,

Géographe, au dépôt de la Guerre.

### EN VENTE CHEZ H. LANGLOIS, GÉOGRAPHE-ÉDITEUR.

Depuis quinze ans la Géographie a fait en France de grands et rapides progrès. On les doit aux bons ouvrages publiés dans toutes les branches de cette science ; aux Cartes, dont l'exactitude et la beauté de la gravure ont mérité et captivé les suffrages de l'Europe.

Une seule branche de la Géographie, qui lui sert d'*introduction* ( les Globes terrestres ), était restée en arrière des progrès de cette science ; et cependant c'est la plus utile pour l'*instruction publique*, puisque, par elle, on résout tous les problèmes et on fixe les idées de la jeunesse : en effet, les objets rendus sensibles sont les seuls et vrais moyens de nous donner une notion claire et juste de notre terre ; or, les *Globes* qui nous la représentent en relief en sont la *miniature*, tandis que les Mappemondes et les Planisphères n'en offrent que des tableaux imparfaits.

On ne peut donc tracer que sur un globe la superficie et la rotondité de la terre. Aussi ne saurait-on apporter trop de soin à la confection, à l'exactitude et à la gravure des Globes. Parmi ceux qui sont dans le commerce, on distingue ceux de Paris, de Cary à Londres, d'Ackermann à Upsal, de Behringer, de Sotzmann à Francfort. Ce dernier, de 18 pouces de diamètre, qui a paru en 1808, est le plus moderne et le plus exact de tous. Ceux de Paris, publiés dans le milieu du siècle dernier, sont, malgré les légères corrections qu'on y a faites depuis, trop en arrière des nouvelles connaissances géographiques (1). Ils diffèrent autant des nouveaux Globes que nous publions, que les Cartes de *Jaillot*, de *Delisle*, de *Robert*, de *Vaugondy*, sont éloignées de la perfection des Cartes du Dépôt de la Guerre. Sous le rapport de la gravure, portée à sa dernière perfection, ils laissent autant à désirer.

Aussi les amateurs de la Géographie attendaient-ils depuis long-temps qu'on en fît de nouveaux. Si le vœu du public n'a pas été plus tôt rempli, on ne doit l'attribuer qu'aux difficultés sans nombre qui sont inséparables d'une telle entreprise, et au désir de l'Éditeur d'illustrer la France par une production qui éclipsera tout ce qui a paru dans le même genre, en France et chez l'étran-

---

(1) Pour prouver l'imperfection et l'inexactitude de ces Globes ; il suffit de comparer les lieux qui s'y trouvent avec ceux de la Table de nos nouveaux Globes, à la fin de cet ouvrage.

a

ger. En conséquence, pour parvenir à ce but, l'Éditeur n'a épargné aucun soin ni ménagé aucun frais : il a confié la projection et l'exécution des dessins de ces nouveaux Globes terrestres à M. le Chevalier Lapie, si connu dans toute l'Europe par ses Atlas, ses belles Cartes d'Angleterre, d'Europe, de Russie, où il a déployé son talent et ses connaissances géographiques.

Enfin ces Globes, dont l'Éditeur a voulu faire des chefs-d'œuvre de la science et de l'art, fruits des longs travaux des premiers talens de la capitale, offriront un monument sans égal, en ce genre, de l'industrie française. Ornemens nécessaires aux bibliothèques publiques et particulières, ils ne seront pas déplacés dans les cabinets des savans, des hommes de lettres, des professeurs. Ce seront les PLUS BEAUX ET LES PLUS UTILES MEUBLES que les personnes riches puissent avoir dans leurs salons.

Les marins y trouveront des renseignemens précieux, et toutes les îles connues de la Terre : ils offriront avec la plus grande exactitude l'état présent de notre Planète, et contiendront, sans confusion, trois fois plus de détails que les anciens Globes de Paris du même diamètre.

On y remarquera un grand nombre de parties neuves, telles que la *Turquie* et la *Russie*, l'*Asie*, la *Perse*, l'empire des *Afghans*, ou royaume de Candahar, l'*Inde*, l'*Amérique Septentrionale*, les îles du Grand Océan, l'*Égypte*, les côtes de l'*Afrique*, et les vraies formes, contours, sinuosités des continens, îles et mers.

Indépendamment des nouvelles découvertes des Voyageurs dans les deux continens dont nous venons de parler, on trouvera tracées sur ces Globes les routes des principaux Navigateurs, depuis Christophe *Colomb* jusqu'à nos jours, et ce ne sera pas sans intérêt que l'on suivra de l'œil ce célèbre marin, ouvrant la route du Nouveau-Monde.

Le Globe de 18 pouces, gravé par BLONDEAU, Graveur du Roi, et premier Graveur du Dépôt de la Guerre, offre 43 routes.

Sur le Globe de 14 pouces, on a tracé 23 des routes ci-dessus des principaux Navigateurs.

La *Monture* de ces Globes répond à la perfection de la gravure. Le beau pied à colonne, avec roulettes, a 3 pieds 7 pouces 2 lignes, proportion commode pour l'observateur assis ou debout. Le méridien, le quart de cercle pour prendre les hauteurs, et le cercle horaire, sont en cuivre. Sur l'horizon, qui contient les signes du Zodiaque et les Vents, est fixée une boussole.

On peut voir ces Globes bien montés chez l'Éditeur.

Prix du grand GLOBE de 18 pouces de diamètre, avec la superbe monture détaillée ci-dessus. . . . . . . . . . . . . 500 fr.

GLOBE de 14 pouces, monté de même. . . . . . . 250

On trouve, chez le même Géographe, un assortiment de nouveaux GLOBES, à l'usage des classes, savoir :

*Globe terrestre*, de 10 pouces de diamètre, par M. LAPIE, monté sur pied noir . . . . . . . . . . . . . 40 fr.

— *Id. céleste*, du même diamètre. . . . . . . . 30

*Globe terrestre et céleste*, de 8 pouces de diamètre, chaque. . 18

— *Id. terrestre et céleste*, de 6 pouces, chaque. . . . 12

On répond du transport de ces Globes ; les frais de caisse et d'emballage ne sont pas compris dans les prix ci-dessus.

# INSTRUCTION
## SUR L'USAGE DES GLOBES.

Nous allons faire précéder l'Instruction sur l'usage des Globes par la Géographie astronomique et mathématique.

## GÉOGRAPHIE ASTRONOMIQUE ET MATHÉMATIQUE.

LE précis de géographie astronomique et mathématique que nous donnons ici est divisé en deux sections : la première fait connaître les corps célestes, et expose le véritable système de l'univers ; la seconde donne connaissance et l'usage de la sphère et du globe.

### SECTION PREMIÈRE.

#### GÉOGRAPHIE ASTRONOMIQUE.

*Du Soleil, des Étoiles, des Planètes, des Comètes, des Constellations et des différens Systèmes de l'Univers.*

SOLEIL ET ÉTOILES. — « Arrêtons d'abord nos regards sur la disposition du système solaire, et sur ses rapports avec les étoiles. Le globe immense du soleil, foyer principal de ses mouvemens divers, tourne en vingt-cinq jours et demi sur lui-même : sa surface est recouverte d'un océan de matière lumineuse dont les vives effervescences forment des taches variables, souvent très-nombreuses, et quelquefois plus larges que la terre. Au-dessus de cet océan s'élève une vaste atmosphère : c'est au delà que les planètes, avec leurs satellites, se meuvent dans des orbes presque circulaires, et sur des plans peu inclinés à l'équateur solaire. D'innombrables comètes, après s'être approchées du soleil, s'en éloignent à des distances qui prouvent que son empire s'étend beaucoup plus loin que les limites connues du système planétaire. Non-seulement cet astre agit par son attraction sur tous ces globes, en les forçant à se mouvoir autour de lui, mais il répand sur eux sa lumière et sa chaleur. Son action bienfaisante fait éclore les animaux et les plantes qui couvrent la terre, et l'analogie nous porte à croire qu'elle produit de semblables effets sur les planètes ; car il n'est pas naturel de penser que la matière dont nous voyons la fécondité se développer en tant de façons, soit stérile sur une aussi grosse planète que Jupiter, qui, comme le globe terrestre, a ses jours, ses nuits et ses années, et sur lequel les observations indiquent des changemens qui supposent des forces très-actives. L'homme, fait pour la température dont il jouit sur la terre, ne pourrait pas, selon toute apparence, vivre sur les autres planètes; mais ne doit-il pas y avoir une infinité d'organisations relatives aux diverses températures des globes de cet Univers? Si la seule différence des élémens et des climats met tant de variété dans les productions terrestres, combien plus doivent différer celles des diverses planètes et de leurs satellites? L'imagination la plus active ne peut s'en former aucune idée; mais leur existence est au moins fort vraisemblable.

« Portons maintenant nos regards au delà du système solaire. D'innombrables soleils, qui peuvent être les foyers d'autant de systèmes planétaires, sont répandus dans l'immensité de l'espace, à un éloignement de la terre tel, que le diamètre entier de l'orbe terrestre, vu de leur centre, est insensible. Plusieurs étoiles éprouvent, dans leurs couleurs et dans leur clarté, des variations périodiques très-remarquables : il en est d'autres qui ont paru tout à coup, et qui, après avoir pendant quelque temps brillé d'une vive lumière, ont disparu. Telle fut l'étoile qui détermina Hypparque à entreprendre son catalogue d'étoiles, pour mettre la postérité en état de reconnaître les changemens que le ciel pourrait éprouver. Telle fut encore la fameuse étoile observée en 1572, dans la constellation de Cassiopée. En peu de temps elle surpassa la clarté des plus belles étoiles et de Jupiter même. Sa lumière s'affaiblit ensuite, et l'étoile disparut, seize mois après sa découverte, sans avoir changé de place dans le ciel. Sa couleur éprouva des variations considérables : elle fut d'abord d'un blanc éclatant, ensuite d'un jaune rougeâtre, enfin d'un blanc plombé. Quels changemens prodigieux ont dû s'opérer à la surface de ce grand corps, pour avoir été aussi sensibles à la distance qui nous en sépare ! Combien ils doivent surpasser ceux que nous observons à la surface du soleil, et nous convaincre que la nature est loin d'être partout et toujours la même ! Tous ces corps devenus invisibles sont à la place où ils ont été observés, puisqu'ils n'en ont point changé durant leur apparition : il existe donc dans l'espace céleste des corps opaques aussi considérables, et peut-être en aussi grand nombre que les corps lumineux.

« Il paraît que ces astres, loin d'être disséminés dans le ciel à des distances à peu près égales, sont rassemblés en divers groupes formés chacun de plusieurs milliards d'étoiles. Notre soleil et les plus brillantes étoiles font probablement partie d'un de ces groupes qui, vu du point où nous sommes, semble entourer le ciel, et forme la voie lactée. Le grand nombre d'étoiles que l'on aperçoit à la fois dans le champ d'un fort télescope dirigé vers cette voie, nous prouve son immense profondeur, qui surpasse mille fois la distance de Syrius à la terre; en sorte qu'il est vraisemblable que les rayons de la plupart de ces étoiles ont employé un grand nombre de siècles pour venir jusqu'à nous. En s'éloignant de la voie lactée, elle finirait par offrir l'apparence d'une lumière blanche et continue, d'un petit diamètre; car alors l'irradiation qui subsiste, même dans les meilleurs télescopes, couvrirait et ferait disparaître les intervalles des étoiles : il est donc probable que les nébuleuses sont, pour la plupart, des groupes d'étoiles vus très-loin, et dont il suffirait de s'approcher pour qu'ils présentassent des apparences semblables à la voie lactée. Les distances mutuelles des étoiles qui forment chaque groupe sont au moins cent mille fois plus grandes que la distance du soleil à la terre. Ainsi, l'on peut juger de la prodigieuse étendue de ces groupes, par la multitude innombrable d'étoiles que l'on observe dans la voie lactée. Si l'on réfléchit ensuite au peu de largeur apparente, et au grand nombre de nébuleuses qui sont séparées les unes des autres par un intervalle incomparablement plus grand que la distance mutuelle des étoiles dont elles sont formées, l'imagination, étonnée de l'immensité de l'Univers, aura peine à lui concevoir des bornes.

« L'astronomie, par la dignité de son objet et la perfection de ses théories, est le plus beau monument de l'esprit humain, le titre le plus noble de son intelligence. Séduit par les illusions des sens et de l'amour-propre, l'homme s'est regardé long-temps comme le centre du mouvement des astres, et son vain orgueil a été puni par les frayeurs qu'ils lui ont inspirées. Enfin, plusieurs siècles de travaux ont fait tomber le voile qui lui cachait le système du monde; alors il s'est vu sur une planète presque imperceptible dans le système solaire, dont la vaste étendue n'est elle-même qu'un point ensensible dans l'immensité de l'espace. Les résultats sublimes auxquels cette decouverte l'a conduit sont bien propres à le consoler du rang qu'elle assigne à la terre, en lui montrant sa propre grandeur dans l'extrême petitesse de la base qui lui a servi pour mesurer les cieux. Conservons avec soin, augmentons le dépôt de ces hautes connaissances, les délices des êtres pensans. Elles ont rendu d'importans services à la navigation et à la géographie; mais leur plus grand bienfait est d'avoir dissipé les craintes occasionnées par les phénomènes célestes, et détruit les erreurs nées de l'ignorance de nos vrais rapports avec la nature et son auteur; erreurs et craintes qui renaîtraient promptement, si le flambeau des sciences venait à s'éteindre (1). »

PLANÈTES. — Dans cette multitude de points étincelans dont la voûte céleste est parsemée, les uns, situés à des distances presque infinies de la Terre, sont lumineux par eux-mêmes, conservent entre eux une position constante, ou n'éprouvent du moins dans leurs distances respectives que de très-légères inégalités; on les désigne par le nom d'*étoiles fixes*. Les autres, plus rapprochés de nous, ne brillent que d'une lumière empruntée, et se meuvent dans le ciel suivant des lois très-compliquées, dont la recherche est un des principaux objets de l'astronomie. Ces astres auxquels on a donné le nom de *planètes*, sont *Mercure*, *Vénus*, *Mars*, *Jupiter*, *Saturne*, connus dès la plus haute antiquité par la raison qu'on les aperçoit à la simple vue; et ensuite *Uranus*, *Cérès*, *Pallas*, *Junon* et *Vesta*, dont la découverte récente est due au télescope.

Les planètes, dans leurs révolutions autour du soleil, ne s'écartent pas d'une zone de la sphère céleste, à laquelle on a donné le nom de *zodiaque*.

On aperçoit aussi quelquefois dans le ciel des astres qui le traversent dans toutes les directions avec des vitesses très-considérables, et qui sont presque toujours accompagnés d'une sorte de nébulosité et d'une longue traînée de lumière en forme de queue, qui les a fait nommer *comètes*.

Les apparences des mouvemens planétaires, dont l'explication avait si fort embarrassé les anciens astronomes, découlent avec la plus grande simplicité de l'hypothèse du mouvement de la terre, à l'aide d'un très-petit nombre de lois que nous allons successivement exposer.

1°. Le mouvement de la *Terre* et celui de toutes les *autres planètes* s'exécute autour du Soleil *d'occident en orient;* les circuits qu'elles parcourent, et auxquels on a donné le nom d'*orbites*, sont *des ellipses, au foyer commun desquelles le Soleil est placé.* L'orbite de la Terre s'appelle *écliptique*.

2°. *Les aires décrites autour du Soleil par les rayons vecteurs des planètes, sont proportionnelles aux temps employés à les décrire.*

---

(1) Exposition du Système du Monde, par M. Laplace, citée dans l'Annuaire du Bureau des longitudes pour 1812.

Cette loi, combinée avec la précédente, montre que le mouvement angulaire des planètes autour du soleil n'est pas uniforme : il est en général plus rapide, pour chaque planète, à l'extrémité du grand axe de son orbite la plus voisine du soleil, et qu'on nomme le *périhélie* ; et le plus lent, au contraire, à l'extrémité opposée, qu'on appelle *aphélie*.

Ces lois ne suffisent pas pour déterminer la position des planètes dans l'espace, il faut en outre connaître, pour chacune d'elles, *sept* quantités qu'on nomme les *élémens du mouvement elliptique : cinq* de ces quantités se rapportent au mouvement dans l'ellipse, et *deux* à la position de l'orbite. Les premières sont, 1°. la durée de la révolution sidérale ; 2°. le demi-grand axe de l'orbite, ou la moyenne distance de la planète au soleil ; 3°. l'*excentricité* de l'ellipse ; 4°. *la longitude moyenne de la planète* à une époque déterminée ; 5°. *la longitude du périhélie* à la même époque. Les deux autres élémens sont, 1°. *la longitude*, à une époque donnée, des *nœuds* de *l'orbite* ou de ses points d'intersection avec l'écliptique ; 2°. *l'inclinaison de l'orbite* sur ce plan. On trouvera à la page 116 de l'*Exposition du Système du Monde* de M. Laplace, le tableau complet de ces élémens pour le premier jour de ce siècle. Nous nous contenterons de rapporter, dans le tableau suivant, les durées des révolutions sidérales, et le demi-grand axe de chaque orbite.

| NOMS des PLANÈTES. | DURÉES de leurs révolutions SIDERALES. | DISTANCES moyennes AU SOLEIL. |
|---|---|---|
| Mercure.......... | 87,$^{j}$969 | 0,$^{387}$ |
| Vénus........... | 224,$^{700}$ | 0,$^{713}$ |
| La Terre ....... | 365,$^{256}$ | 1,$^{000}$ |
| Mars........... | 686,$^{980}$ | 1,$^{524}$ |
| Jupiter......... | 4332,$^{596}$ | 5,$^{203}$ |
| Saturne ........ | 10758,$^{970}$ | 9,$^{539}$ |
| Uranus......... | 30688,$^{713}$ | 19,$^{183}$ |
| Cérès .......... | 1681,$^{539}$ | 2,$^{767}$ |
| Pallas.......... | 1681,$^{709}$ | 2,$^{768}$ |
| Junon.......... | 1690,$^{998}$ | 2,$^{667}$ |
| Vesta .......... | 1335,$^{203}$ | 2,$^{373}$ |

Les orbites planétaires ne sont pas inaltérables : les grands axes sont toujours les mêmes ; mais leurs excentricités, leurs inclinaisons, la position de leurs nœuds et celle de leurs périhélies, sont assujetties à des variations qui, dans l'intervalle d'un petit nombre de siècles, croissent proportionnellement au temps, et qu'on nomme *inégalités séculaires*.

Le mouvement elliptique des planètes ne représente pas exactement les observations modernes ; ces astres éprouvent des inégalités périodiques qu'on nomme *perturbations du mouvement elliptique*, et qui sont principalement sensibles dans *Junon* et *Saturne*. La théorie, en montrant la cause d'où dépendent ces inégalités, a fourni les moyens de les déterminer avec une précision bien supérieure à celle qu'on pouvait attendre des méthodes empiriques dont les astronomes faisaient précédemment usage.

Après avoir considéré les planètes par rapport à leurs mouvemens communs dans l'espace, examinons ce que les observations nous ont appris à l'égard de chacune d'elles en particulier.

| DIAMÈTRES PLANÉTAIRES, Celui de la Terre étant 1. | VOLUMES, Celui de la Terre étant 1. |
|---|---|
| Mercure.................. | $0,^{394}$ | $0,^{061}$ |
| Vénus................... | $0,^{973}$ | $0,^{921}$ |
| La Terre............... | $1,^{000}$ | $1,^{000}$ |
| Mars.................. | $0,^{555}$ | $0,^{171}$ |
| Jupiter............... | $11,^{561}$ | $1470,^{20}$ |
| Saturne .............. | $9,^{609}$ | $887,^{34}$ |
| Uranus................ | $4,^{263}$ | $77,^{47}$ |
| Le Soleil ............. | $109,^{93}$ | $1328460,^{0}$ |

Les phases que présentent Mercure et Vénus, et leurs passages sur le disque du Soleil, pendant lesquels ces planètes paraissent comme deux taches noires, nous prouvent qu'elles ne sont pas lumineuses d'elles-mêmes, et qu'elles brillent d'une lumière empruntée. On voit aussi le disque de Mars changer de forme et devenir sensiblement ovale suivant sa position par rapport au Soleil, et l'on en conclut que la planète ne fait que réfléchir la lumière de cet astre. Jupiter est également un corps opaque, car il projette dans la partie de son orbite opposée au Soleil, une ombre dont l'existence est prouvée par la disparition des satellites au moment où ils l'atteignent. Quant à Saturne, son opacité et celle de l'anneau qui l'environne sont prouvées à la fois par l'ombre que l'arc antérieur de l'anneau projette sur le disque de la planète, et par l'ombre que la planète elle-même projette sur l'arc postérieur de l'anneau.

Les planètes ne sont pas exactement sphériques. Les diverses mesures qu'on a faites de la Terre, ont prouvé que sa figure diffère peu de celle d'un ellipsoïde de révolution aplati vers les pôles, et dont le grand axe surpasserait le petit de $\frac{1}{306}$.

L'observation suivie des taches qu'on aperçoit quelquefois sur les disques de Mercure, Vénus, Mars, Jupiter et Saturne, a prouvé que ces planètes tournent sur elles-mêmes *d'occident en orient*. Les apparences qu'offrent les taches dont la surface du Soleil est quelquefois parsemée, ne peuvent s'expliquer qu'en attribuant à cet astre un mouvement de rotation dirigé *d'occident en orient*, et dont la durée est de 25*j*.,5. Quant à la Terre, la direction de son mouvement de rotation est d'occident en orient, puisqu'elle doit être contraire à celle du mouvement diurne apparent de la sphère céleste : la durée de sa révolution, comme on sait, est de 0*j*.,9972696972. On voit ainsi que toutes les planètes se meuvent autour du Soleil d'occident en orient, et que leurs mouvemens de rotation sont dirigés dans le même sens, et à peu près dans les plans de leurs mouvemens de projection.

*Tableau des mouvemens de rotation des Planètes.*

| NOMS des PLANÈTES. | DURÉES de LEURS ROTATIONS. |
| --- | --- |
| Mercure......................... | 1 *j*oo |
| Vénus........................... | 0,973 |
| La Terre........................ | 0,997 |
| Mars............................ | 1,027 |
| Jupiter......................... | 0,413 |
| Saturne ........................ | 0,428 |
| Le Soleil ...................... | 25, |

# INSTRUCTION.

Nous avons déjà dit que les planètes ne se meuvent pas exactement dans des ellipses, et qu'elles font autour de leurs positions elliptiques des oscillations plus ou moins étendues : la théorie a prouvé que ces inégalités dépendent des attractions respectives des diverses planètes, et par conséquent du rapport de leurs masses : en sorte que la connaissance de ces rapports peut servir à calculer l'étendue de ces inégalités, et réciproquement.

C'est en comparant ainsi la théorie avec un grand nombre d'observations, que M. Laplace a déterminé les valeurs suivantes des masses de Vénus, de Mars, de Jupiter et de Saturne; la masse de la Terre a été déduite de la comparaison de la pesanteur terrestre avec la distance de la Terre au Soleil, et celle d'Uranus, de l'observation des plus grandes élongations de ses satellites.

*Tableau des masses des Planètes, celle du Soleil étant prise pour unité.*

| | |
|---|---|
| Mercure. . . . . . . . . . . . . . . . . . . . . . . . . . | $\dfrac{1}{2025810}$ |
| Vénus. . . . . . . . . . . . . . . . . . . . . . . . . | $\dfrac{1}{356632}$ |
| La Terre. . . . . . . . . . . . . . . . . . . . . . . | $\dfrac{1}{337086}$ |
| Mars. . . . . . . . . . . . . . . . . . . . . . . . . | $\dfrac{1}{2546320}$ |
| Jupiter. . . . . . . . . . . . . . . . . . . . . . . . | $\dfrac{1}{1067.09}$ |
| Saturne. . . . . . . . . . . . . . . . . . . . . . . | $\dfrac{1}{3534.08}$ |
| Uranus. . . . . . . . . . . . . . . . . . . . . . . | $\dfrac{1}{19504}$ |

**SATELLITES.** — On donne le nom de *satellites* aux petits corps célestes qui font leurs révolutions autour des planètes principales, et qui les accompagnent pendant que ces dernières tournent elles-mêmes autour du Soleil. Les planètes auxquelles on a reconnu des satellites, sont : la Terre, Jupiter, Saturne et Uranus. La première en a un qui est la Lune; la seconde 4, la troisième 7, la quatrième 6. L'observation des éclipses des 4 satellites de Jupiter a été très-utile à la géographie.

**SATELLITE DE LA TERRE OU LUNE.** — L'observation du mouvement angulaire de la lune, combinée avec celle de son rayon vecteur, a prouvé que cet astre se meut dans une ellipse dont la terre occupe le foyer. Ce mouvement, qui, comme celui de toutes les planètes et de tous les satellites, est dirigé *d'occident en orient*, s'exécute en 27$^j$, 321; ce nombre de jours est *la durée de la révolution sidérale de la lune*. Les observations modernes comparées aux anciennes, ont prouvé que le moyen mouvement de la lune a toujours été en s'accélérant.

Les *aires* décrites par le rayon vecteur de la lune sont proportionnelles aux temps employés à les décrire : il suit de là que le mouvement angulaire de la lune autour de la terre est variable ; il est le plus rapide dans le point de son orbite où elle est le plus près de la Terre, et qu'on nomme *périgée*, et le plus lent, au contraire, dans le point diamétralement opposé, et qu'on nomme *apogée*.

Le périgée ne reste pas fixe dans le ciel : il a un mouvement direct, c'est-à-dire, dirigé de l'occident à l'orient, en vertu duquel il faisait sa révolution sidérale, au commencement de ce siècle, en 5232$j$, 580. Ce mouvement se ralentit pendant que celui de la lune s'accélère.

L'*orbite moyenne* de la lune est inclinée de 5° 9' 0'' à l'écliptique, et cette inclinaison est constante ; l'*orbe véritable* fait des oscillations *périodiques* sensibles autour du premier.

En examinant la suite des étoiles que rencontre la lune au moment où elle traverse l'écliptique, on reconnaît que ses *nœuds* ou les points d'intersection de son orbe avec celui de la terre, ont un mouvement rétrograde ou contraire à celui de la lune : ce mouvement n'est pas uniforme, il se ralentit de siècle en siècle, et d'ailleurs est annuellement assujetti à plusieurs inégalités. La durée d'une révolution sidérale des nœuds était, au commencement de ce siècle, de 6795$j$, 421.

On appelle *nœud ascendant* celui que traverse la lune quand elle s'élève au-dessus de l'écliptique vers le pôle boréal ; et *nœud descendant*, au contraire, celui dans lequel elle s'abaisse au-dessous vers le pôle austral.

Les lois du mouvement elliptique sont loin de représenter les observations de la lune : cet astre est assujetti à un grand nombre d'inégalités qui ont des rapports évidens avec la position du soleil. La théorie de l'attraction, en faisant connaître la cause dont elles dépendent, a fourni les moyens d'ajouter de nouvelles inégalités à celles que les astronomes avaient déjà déterminées empiriquement ; ce qui a donné aux tables de la lune une précision inespérée.

Les phases de la lune ont été, chez la plupart des anciens peuples, l'origine de la division du temps. Le croissant de cet astre, qui est constamment dirigé vers le soleil, indique évidemment qu'il en emprunte sa lumière. La loi de la variation de ses phases nous prouve qu'elle est à peu près sphérique.

L'excès du mouvement de la lune sur le mouvement apparent du soleil, qu'on nomme mouvement *sinodique lunaire*, et duquel dépend le retour des phases, est maintenant de 29$j$, 530.

Ce nombre est à la durée d'une année tropique, dans le rapport de 19 à 235 ; en sorte que 19 années solaires forment environ 235 mois lunaires.

Les *syzigies* sont les points de l'orbite où la lune se trouve en conjonction ou en opposition avec le soleil : dans le premier cas, la lune est *nouvelle*, et dans le second, elle est *pleine*. Les *quadratures* sont les points de l'orbite où la lune est éloignée du soleil de un ou de trois angles droits, comptés dans le sens de son mouvement propre; dans ces points, que l'on nomme *premier* et *deuxième* quartier de la lune, nous voyons la moitié de son hémisphère éclairé (1).

« La lune ne peut s'éclipser que par l'interposition d'un corps opaque qui lui dérobe la lumière du soleil, et il est visible que ce corps est la terre, puisque les éclipses de lune n'arrivent jamais que dans les oppositions, ou lorsque la terre est entre cet astre et le soleil. Le globe terrestre projette derrière lui, relativement au soleil, un cône d'ombre dont l'axe est sur la droite qui joint les centres du soleil et de la terre, et qui se termine au point où les diamètres apparens de ces deux corps seraient les mêmes. Ces diamètres, vus du centre de la lune en opposition dans sa moyenne distance, sont à peu près de 1918 secondes décimales pour le soleil, et de 6900″ pour la terre; ainsi le cône d'ombre terrestre a une longueur trois fois et demie plus grande que la distance de la lune à la terre, et sa largeur aux points où il est traversé par la lune, est environ huit tiers du diamètre lunaire. La lune serait donc éclipsée toutes les fois qu'elle serait en opposition au soleil, si le plan de son orbe coïncidait avec l'écliptique; mais en vertu de l'inclinaison mutuelle de ces plans, la lune, dans son opposition, est souvent élevée au-dessus ou abaissée au-dessous du cône d'ombre terrestre, et elle n'y pénètre que lorsqu'elle est près de ses nœuds. Si tout son disque s'enfonce dans l'ombre de la terre, l'éclipse de lune est *totale :* elle est *partielle*, si ce disque n'y pénètre qu'en partie; et l'on conçoit que la proximité de la lune à ses nœuds, au moment de l'opposition, doit produire toutes les variétés que l'on observe dans les éclipses.

« La durée moyenne d'une révolution du soleil, par rapport au nœud de l'orbe lunaire, est de 346$j$·, 619; elle est à la durée d'une révolution synodique de la lune, à peu près dans le rap-

---

(1) Extrait de l'Annuaire du Bureau des longitudes pour 1812.

port de 225 à 19. Ainsi, après une période de 223 mois lunaires, le soleil et la lune se retrouvent à la même position relativement au nœud de l'orbe lunaire ; les éclipses doivent donc
revenir à peu près dans le même ordre, ce qui donne, pour les
prédire, un moyen simple qui fut employé par les anciens astronomes.

« La forme circulaire de l'ombre terrestre, dans les éclipses
de lune, rendit sensible aux premiers astronomes la sphéricité
très-approchée de la terre : la théorie lunaire perfectionnée a
offert ensuite le moyen le plus exact pour en déterminer l'aplatissement.

« C'est uniquement dans les conjonctions du soleil et de la
lune, quand cet astre, en s'interposant entre le soleil et la terre,
nous dérobe la lumière du soleil, que nous observons les éclipses
solaires. Quoique la lune soit incomparablement plus petite que
le soleil, cependant elle est assez près de la terre pour que son
diamètre apparent diffère peu de celui du soleil : il arrive même,
à raison de changemens de ces diamètres, qu'ils se surpassent
alternativement l'un l'autre. Imaginons les centres du soleil et
de la lune sur une même droite avec l'œil de l'observateur; il
verra le soleil éclipsé. Si le diamètre apparent de la lune surpasse
celui du soleil, l'éclipse sera totale; mais si ce diamètre est plus
petit, l'observateur verra un anneau lumineux formé par la partie du soleil qui déborde le disque de la lune, et l'éclipse sera *an-
nulaire*. Si le centre de la lune n'est pas sur la droite qui joint
l'observateur et le centre du soleil, la lune pourra n'éclipser
qu'une partie du disque solaire, et l'éclipse sera partielle ; ainsi
la variété des distances du soleil et de la lune au centre de la terre,
et celle de la proximité de la lune à ses nœuds au moment de ses
conjonctions, doivent en produire de très-grandes dans les éclipses de soleil. A ces causes se joint encore l'élévation de la lune
sur l'horizon, élévation qui change la grandeur de son diamètre
apparent, et qui, par l'effet de la parallaxe lunaire, peut aug-
menter ou diminuer la distance apparente des centres du soleil
et de la lune, de manière que de deux observateurs éloignés entre eux, l'un peut voir une éclipse de soleil qui n'a point lieu
pour l'autre observateur. En cela les éclipses de soleil diffèrent
des éclipses de lune, qui sont les mêmes pour tous les lieux de
la terre où les deux astres sont élevés sur l'horizon. On voit souvent l'ombre d'un nuage emporté par les vents, parcourir rapidement les coteaux et les plaines, et dérober aux spectateurs
qu'elle atteint la vue du soleil dont jouissent ceux qui sont au

delà de ses limites : c'est l'image exacte des éclipses du soleil (1).

La même cause qui rend la durée de ces éclipses différente pour divers pays, fait également varier la durée des passages de Vénus sur le disque du soleil; car en vertu de la parallaxe de la planète, deux observateurs la rapportant à des points différens du disque solaire, lui voient décrire des cordes plus ou moins longues; la différence de ces durées, observées dans des lieux très-éloignés, fait connaître avec précision la parallaxe de Vénus, et par conséquent sa distance à la terre; les distances respectives des autres planètes au soleil se déduisent de celle-là, à l'aide de la troisième loi des mouvemens planétaires. C'est ainsi qu'on a trouvé que l'angle soutendu au centre du soleil par le rayon de la terre, et qu'on nomme *parallaxe du soleil*, est égal à $8'',75$.

L'observation suivie des taches invariables que présente le disque de la lune, a prouvé que cet astre dirige toujours vers nous à peu près le même hémisphère; il tourne donc sur lui-même dans un temps égal à celui de sa révolution autour de la terre. Cette égalité des mouvemens de rotation et de révolution, qui paraît être une loi générale du mouvement des satellites, est extrêmement remarquable.

On nomme *libration de la lune*, ces oscillations périodiques en vertu desquelles les taches de la lune s'approchent et s'éloignent successivement du bord de son disque; les astronomes sont parvenus à représenter tous ces divers mouvemens, à l'aide d'un petit nombre de lois très-simples.

Les ombres qu'on aperçoit à la surface de la lune, et qui sont variables avec la position du soleil, nous prouvent que sa surface est couverte de profondes cavités et de montagnes très-élevées; au bord de la partie éclairée, ces inégalités se présentent sous la forme d'une dentelure, dont la distance à la ligne de lumière prouve que la hauteur des montagnes est au moins de 3000 mètres.

On a prouvé par expérience que la lumière réfléchie par la pleine lune, est environ trois cent mille fois plus faible que la lumière directe du soleil. Aussi cette lumière réunie au foyer des plus grands miroirs ne produit-elle pas d'effet sensible sur le thermomètre.

Le diamètre de la lune est à celui de la terre comme 1 est à

---

(1) Extrait de l'Exposition du Système du Monde, dans l'Annuaire du Bureau des longitudes pour 1812.

o,273; d'où il résulte que le volume de la lune est à peu près égal à $\frac{1}{49149}$ de celui de la terre.

La distance de la lune à la terre en demi-diamètres terrestres est égale à 59,718.

Quant à la masse de la lune, la valeur qu'on a déduite de l'ensemble des phénomènes sur lesquels cette masse a de l'influence, égale $\frac{1}{68,4}$ de la masse de la terre.

COMÈTES. — Les comètes, comme nous l'avons dit précédemment, sont ces astres qui de temps à autres se montrent dans le ciel, le parcourent dans tous les sens avec toutes sortes de vitesses, et sont presque toujours accompagnés d'une nébulosité qui quelquefois s'alonge et forme une queue très-étendue. La queue ne doit pas être regardée comme le caractère distinctif des comètes, car entre autres exemples qu'on pourrait citer, la comète qui fut observée en 1585 par Tycho, pendant un mois entier, et celle qui parut pendant les mois d'octobre et de novembre de l'année 1763, et qui était peu éloignée de la terre, ne présentaient pas la moindre trace de queue.

La nébulosité dont les comètes sont accompagnées paraît être formée par les vapeurs que la chaleur du soleil élève de leur surface : quant aux queues, il semble qu'elles ne sont autre chose que cette même vapeur fortement raréfiée, et transportée à une grande distance par l'impulsion des rayons solaires. On trouve en effet, par le calcul, que dans cette hypothèse, la queue doit toujours être au delà des comètes par rapport au soleil, et dévier d'une petite quantité de la ligne qui joint les centres de ces deux astres, vers la position que la comète occupait auparavant ; ce qui est conforme aux observations.

On aperçoit les plus petites étoiles au travers des queues des comètes ; et comme l'épaisseur de ces queues surpasse fréquemment un million de lieues, il faut que la matière dont elles sont formées soit d'une rareté extrême : ces queues ne peuvent donc apporter le plus léger obstacle aux mouvemens des planètes. La probabilité de la rencontre de la terre et des queues des comètes est assez grande, vu l'immense étendue de ces queues, pour qu'on puisse admettre que cette rencontre a eu lieu plusieurs fois sans qu'on ait pu s'en apercevoir, à cause de l'extrême rareté de la matière de la queue, et de la grande faiblesse de la lumière qu'elle nous réfléchit.

Ce qu'on appelle le *noyau* des comètes ne semble être autre chose que la partie la plus dense de la nébulosité qui les environne : cette nébulosité et la queue acquièrent l'une et l'au leur plus grand éclat peu de jours après le passage de la comète à sa plus petite distance au soleil, lorsque la chaleur que cet astre lui communique est parvenue à son *maximum*.

En supposant, ce qui est naturel, que l'intensité de la chaleur solaire soit proportionnelle à l'intensité de la lumière, on trouve que dans le moment de sa plus grande proximité du soleil, la comète de 1680 éprouva une chaleur vingt-sept mille cinq cents fois plus grande que celle que le soleil communique à la terre. Cette chaleur, fort supérieure à celle que nous pouvons produire, et qui, d'après l'évaluation de Newton, équivaut à deux mille fois environ celle d'un fer rouge, volatiliserait probablement la plupart des substances terrestres.

Si, comme tout porte à le croire, les comètes ne sont pas lumineuses par elles-mêmes, nous ne devrions, dans quelques circonstances, apercevoir qu'une très-petite partie de leur hémisphère éclairé : l'épaisse atmosphère dont les noyaux des comètes sont toujours environnés, et qui réfléchit la lumière du soleil dans tous les sens, a empêché jusqu'à présent d'observer ces phases d'une manière certaine.

Les comètes, comme tous les autres astres, participent au mouvement diurne de la sphère céleste. Les observateurs diversement situés sur la surface de la terre, rapportant les comètes, aux mêmes instans, à peu près aux mêmes points du ciel, il en résulte qu'elles ne sont pas, comme les anciens le croyaient, des météores engendrés dans notre atmosphère. Leurs mouvemens apparens ne semblent extrêmement compliqués que parce qu'ils résultent de la combinaison de leurs mouvemens réels avec celui de la terre : en tenant compte de l'effet de cette dernière cause, on trouve que les comètes parcourent des ellipses, au foyer commun desquelles le soleil est placé.

Nous avons vu que les planètes se meuvent toutes autour du soleil d'*occident en orient*, et dans une zone très-étroite de la sphère céleste; les comètes, au contraire, n'affectent aucune direction particulière, et les orbes qu'elles parcourent présentent tous les degrés d'inclinaison au plan de l'écliptique, depuis zéro jusqu'à l'angle droit. Les orbes des planètes sont presque circulaires, et ces astres sont constamment visibles; les comètes parcourant des ellipses extrêmement alongées, ne s'aperçoivent que lorsqu'elles se trouvent dans le voisinage de l'extrémité du grand axe la plus rapprochée du soleil : cette extrémité se nomme le *périhélie* (1).

------

(1) Annuaire du Bureau des longitudes pour 1812.

**CONSTELLATIONS.** — Les pasteurs qui habitaient les plaines de Babylone et de l'Egypte furent les premiers qui se livrèrent à la contemplation des étoiles. Ils les divisèrent en constellations, et supposèrent que chacune de ces constellations représentait la figure d'un animal ou de quelque autre objet terrestre. Les modernes ont conservé aux constellations les noms que les anciens leur avaient donnés; mais ils en ont formé de nouvelles, et en ont porté le nombre à cent. Nous parlerons des principales dans la description du globe céleste.

Il y a douze constellations qu'on appelle *signes*, et qui forment le *zodiaque*; lequel est ainsi nommé, parce que chacun de ces signes est censé représenter un animal.

# CERCLES NÉCESSAIRES POUR L'INTELLIGENCE DE L'ASTRONOMIE.

Outre les cercles de la sphère artificielle, dont nous parlerons plus bas, il y en a plusieurs autres qui sont d'un grand usage dans l'astronomie, et que nous ne ferons presque qu'indiquer.

*Les cercles de longitude des astres*, qui passent par les pôles de l'écliptique et le coupent à angles droits. Ils déterminent sur l'écliptique les longitudes des astres, et servent à mesurer leurs latitudes que l'on compte depuis l'écliptique jusqu'à l'un de ses pôles. On en peut imaginer autant qu'il y a d'astres au ciel.

*Les cercles de latitude des astres* sont plusieurs petits cercles parallèles à l'écliptique, lesquels traversant ceux de longitude, les coupent à angles droits. Ils déterminent toutes les étoiles qui ont une même latitude, et servent à mesurer les longitudes des astres, que l'on prend depuis le point où ces parallèles coupent le premier cercle de longitude. On voit que les cercles de latitude servent à déterminer les latitudes et à mesurer les longitudes, de la même manière que les cercles de longitude servent à déterminer les longitudes et à mesurer les latitudes.

*Les cercles d'ascension droite* passent par les pôles du monde, et coupant l'équateur à angles droits, déterminent l'ascension droite des astres. L'ascension droite est un arc de l'équateur compris entre le colure des équinoxes, qui coupe l'écliptique au premier point d'*aries*, et un autre cercle d'ascension droite passant par le centre de l'astre, ou par quelque point de l'écliptique. On peut dire aussi que c'est l'arc de l'équateur qui se lève avec l'astre ou avec le point de l'écliptique dans l'horizon de la sphère droite.

*Le cercle d'ascension oblique* n'est autre chose que l'horizon de la sphère oblique, lequel ne passant pas par les pôles du monde, et étant déterminé au regard d'une élévation de pôle particulière, ne peut être que seul; les ascensions et descensions des astres ou des degrés de l'écliptique sont nommés obliques, parce qu'elles sont faites en la sphère oblique; c'est pourquoi l'horizon dans la sphère oblique peut être nommé cercle d'ascension oblique.

*Les cercles de déclinaison* sont de petits cercles parallèles à l'équateur, lesquels sont compris entre l'équateur et les pôles : ces cercles coupant ceux des ascensions droites, ou des méridiens à angles droits, déterminent sur les mêmes la quantité de la déclinaison des astres ou degrés de l'écliptique, et cette déclinaison est un arc du méridien, compris depuis l'équateur jusqu'au lieu de l'arc posé dans le même cercle : on en peut imaginer tant que l'on voudra. Les astres n'ont aucune déclinaison dans l'équateur; elle augmente ou diminue à mesure qu'ils s'approchent ou s'éloignent de l'équateur par leur mouvement propre. La plus grande déclinaison du soleil est lorsqu'il est parvenu aux tropiques du Cancer ou du Capricorne. Pour les étoiles fixes qui conservent toujours la même latitude dans leur mouvement particulier, elles ont leur plus grande déclinaison quand elles parviennent au colure des solstices. Il en est de même des planètes. Les points de l'écliptique également distans des solstices et des équinoxes, ont leurs déclinaisons égales. Le point de rencontre des deux cercles de déclinaison et de l'ascension droite, marque le vrai lieu de l'astre dans le ciel.

*Les azimuts*, nommés aussi verticaux ou cercles de hauteur, sont de grands cercles qui passent par le zénith et le nadir du lieu, et coupent l'horizon à angles droits. On en peut imaginer tant que l'on voudra, à moins qu'on ne se borne à 360, en les faisant passer par tous les degrés de l'horizon. On mesure sur ces cercles la hauteur et l'abaissement des astres depuis l'horizon où elle est nulle; et cette même hauteur est l'arc de l'azimut, compris entre l'horizon et l'astre; et son complément est la distance de l'astre du zénith. C'est sur les azimuts que les astronomes considèrent la parallaxe de hauteur et la réfraction. La parallaxe est un arc du vertical, qui marque la différence des hauteurs d'un astre vu de deux endroits, à savoir du centre de la terre et de sa surface. Cette parallaxe fait paraître les astres plus bas qu'ils ne sont véritablement. La réfraction fait un effet tout contraire, car elle fait paraître les astres plus hauts qu'ils ne sont en effet.

*Les almucantarats*, ou cercles de hauteur, sont parallèles à l'horizon, et traversant les azimuts, les coupent à angles droits. Ils déterminent sur les azimuts les hauteurs des astres, comme aussi leur distance du zénith, et tous ceux qui peuvent avoir une égale hauteur sur l'horizon. On peut aussi compter sur les mêmes cercles les azimuts des astres de la même manière que l'on fait les longitudes des étoiles sur les cercles de latitude, ou leurs ascensions droites sur les cercles de déclinaison ; ce qui fait que ces cercles déterminent les hauteurs des astres, de même que les azimuts ou verticaux déterminent leurs azimuts, et mesurent leurs hauteurs.

*Les cercles horaires* sont douze grands cercles qui passent par les pôles du monde comme les méridiens, et divisent tout le globe ou la sphère en 24 parties égales, qui font les 24 heures du jour civil ou astronomique. Ces cercles se coupant l'un l'autre aux pôles du monde, font des angles de 15 degrés chacun, lesquels se mesurent sur l'équateur par l'intervalle compris entre deux de ces cercles. Le soleil dans sa révolution journalière parcourt dans chaque heure du jour 15 degrés de l'équateur, et en 24 heures 360 degrés, qui font le cercle entier, et qui accomplissent le jour astronomique. Outre ces douze cercles horaires, il en faut encore imaginer une infinité d'autres, pour déterminer les fractions ou parties des heures, comme les minutes, les secondes, les tierces, etc.

*Les cercles des jours* sont parallèles à l'équateur, passant par chaque degré de l'écliptique que le soleil parcourt à peu près en un jour par son mouvement particulier. Ils ne sont pas à la rigueur exactement parallèles à l'équateur, parce que le soleil ne demeurant pas toujours dans un même degré de l'écliptique, vu qu'il en fait un par jour à peu près, soit en approchant, soit en reculant du zénith, il fait son mouvement journalier en manière de ligne spirale. Ainsi le soleil avançant tous les jours d'un degré par son mouvement propre, il faut que le cercle diurne, qui part d'un degré de l'écliptique où se trouve aujourd'hui le soleil, aille un peu obliquement pour en rejoindre un autre auquel il doit venir le lendemain par sa révolution journalière, d'où s'ensuit que ce cercle sera en forme de vis. Ainsi en est-il de tous les autres, passant par tous les degrés de l'écliptique. La diverse position de la sphère est, comme nous l'avons dit en parlant de l'horizon, la cause de la variété des jours.

*Le cercle du crépuscule.* Le crépuscule est le peu de lumière qui paraît avant le lever du soleil, que l'on nomme *aurore*, et qui reste après son coucher, qui retient le nom de crépuscule. Le commencement du crépuscule du matin est nommé le point du jour, et la fin de celui du soir est le commencement de la nuit close. Les crépuscules commencent et finissent lorsque le soleil est abaissé d'environ 18 degrés au-dessous de l'horizon ; ces 18 degrés se prennent depuis le cercle parallèle à l'horizon ou un almucantarat inférieur, décrit par le point qui termine ces 18 degrés d'abaissement, jusqu'à l'horizon ; et ce cercle sera celui du crépuscule, auquel le soleil venant le matin, le point du jour commencera, et y passant le soir, le jour finira tout-à-fait. La durée des crépuscules est aussi variable que celle des jours naturels dans toutes les différentes positions de la sphère, et à peu près pour les mêmes causes qui font que le cercle du crépuscule coupe en différentes façons les cercles des jours astronomiques ; car sous l'équateur, où le cercle du crépuscule coupe comme l'horizon ces mêmes cercles à angles droits, tous les crépuscules sont presque semblables entre eux, et ils sont plus courts qu'en la sphère oblique, parce que dans la sphère droite le soleil monte et descend perpendiculairement au-dessus et au-dessous de l'horizon, au lieu que dans la sphère oblique, il monte et descend obliquement. Dans la sphère parallèle les crépuscules durent près de deux mois, tant avant le lever du soleil, qu'après son coucher ; car en cette position de sphère, le soleil fait 52 révolutions diurnes avant que d'être abaissé de 18 degrés sous l'horizon.

## DIFFÉRENS SYSTÈMES DE L'UNIVERS.

Les hommes ont dû faire de grands progrès dans l'observation du mouvement des corps célestes, avant de pouvoir renoncer entièrement au préjugé des sens, et croire que la terre n'était pas immobile. Thalès de Milet fut le premier qui enseigna l'astronomie en Europe, environ 580 ans avant la naissance de Jésus-Christ. Il posséda cette science jusqu'au point de calculer les éclipses, c'est-à-dire, l'interposition de la lune entre la terre et le soleil, ou de la terre entre le soleil et la lune. Pythagore, natif de Samos, parut environ 50 ans après Thalès, et ne se rendit pas moins habile dans les connaissances astronomiques. Selon lui, la terre tournait, et le soleil était immobile : il pensa que, sous cette supposition, il était impossible de rendre compte, d'une manière raisonnable, du mouvement des corps célestes. Cependant son système heurtait si directement le préjugé des sens, qu'il fit peu de progrès. Ptolémée, philosophe égyptien, qui vivait 158 ans avant Jésus-Christ, supposa, selon l'opinion commune, que la terre était immobile au centre de l'univers, et que les sept planètes, au nombre desquelles il comptait la lune, étaient placées autour de la terre. Au-dessus des planètes était le firmament des étoiles; plus haut, la voûte de cristal; ensuite une autre voûte; et enfin, la dernière voûte du ciel. Toutes ces sphères tournaient autour de la terre pendant l'espace de vingt quatre heures, indépendamment des révolutions périodiques qu'elles faisaient dans un espace de temps plus considérable. Ce système fut universellement suivi par les philosophes péripatéticiens, qui dominèrent depuis le temps de Ptolémée jusqu'au seizième siècle.

Enfin, Copernic, né en Pologne, et doué d'un génie hardi, adopta le système de Pythagore, qu'on regarde comme le véritable système de l'univers. Il le publia en l'année 1543. Cette doctrine avait langui si long-temps dans l'obscurité, que son restaurateur fut considéré comme son inventeur, et on la nomma le *système de Copernic*.

Selon lui, la terre tourne chaque jour d'occident en orient autour du soleil, que nous avions cru jusqu'alors tourner autour de notre globe. Ce mouvement paraîtra facile à concevoir par les exemples suivans : lorsqu'on est dans un bateau qui descend une rivière, ou dans un vaisseau, le long des côtes d'une mer tranquille, et qu'on fixe les yeux sur les objets du rivage, ils paraissent se mouvoir dans le sens opposé où l'on va; il en est de même lorsqu'on voyage rapidement en voiture dans un chemin doux : les arbres et les maisons semblent fuir devant vous, et vous croyez être immobiles. Les enfans sont les premiers à faire ces remarques sensibles.

Cet habile philosophe eut à combattre un grand nombre d'antagonistes. Tycho-Brahé, Danois, d'une famille noble, sentait parfaitement les vices du système de Ptolémée; mais ne voulant point convenir du mouvement de la terre, il essaya, vers 1586, d'établir un nouveau système aussi bizarre que celui de Ptolémée. Longomontanus et quelques autres astronomes le modifièrent. Ils admettaient la révolution diurne de la terre; mais ils niaient sa révolution annuelle. *Voyez* à la fin la carte des Systèmes du monde.

Copernic prétendit avec quelques anciens philosophes que la terre avait un double mouvement que, pour rendre sensible, nous comparerons avec celui d'une boule qu'on lance sur un billard. Cette boule n'avance point en glissant, mais en tournant sur son axe : cet axe est une ligne droite qu'on suppose passer par le centre de la boule, et aboutir à deux points opposés de sa surface. Tel est le double mouvement de la terre : elle tourne sur son axe d'occident en orient dans l'espace de 24 heures, et elle tourne autour du soleil, du sud au nord et du nord au sud, dans l'espace d'une année. Le premier de ces mouvemens produit le jour et la nuit ; le second produit la différence de longueur des jours et des nuits, et le changement des saisons.

En 1610, Galilée, natif de Florence, introduisit l'usage des télescopes, qui fournirent bientôt de nouvelles preuves en faveur du mouvement de la terre, et confirmèrent les anciennes. Depuis cette époque, les grandes découvertes se sont multipliées dans toutes les branches de l'astronomie ; on a expliqué clairement les mouvemens des corps célestes ; et l'immortel Newton a découvert la loi générale qui dirige les mouvemens de la nature, et qui consiste dans la *gravité* ou l'*attraction*. Il a démontré que la même loi qui retient l'océan dans son vaste lit, et qui empêche les différens corps, dont la surface de la terre est couverte, de voler dans les airs, a lieu dans tout l'univers, contient les planètes dans leurs orbites, et préserve la nature entière du désordre et de la confusion.

Il faut cependant observer que la révolution annuelle de la terre ne produirait pas le changement des saisons, si son axe était perpendiculaire au plan de son orbite : en effet, toutes les parties de la terre seraient également exposées au soleil pendant chaque révolution journalière. Ainsi la différence des longueurs des jours et des nuits n'aurait pas lieu, et le changement des saisons, qui est une suite de cette différence, n'aurait pas lieu non plus : mais l'axe de la terre est incliné sur le plan de son orbite, et cette inclinaison se découvre en observant dans un même lieu la plus grande et la plus petite des hauteurs du soleil, lorsqu'il passe au méridien, au solstice d'été et au solstice d'hiver.

## DU TEMPS, DE SA MESURE ET DU CALENDRIER (1).

LE temps est pour nous l'impression que laisse dans la mémoire une suite d'événemens dont nous sommes certains que l'existence a été successive. Le mouvement est propre à lui servir de mesure ; car un corps ne pouvant pas être dans plusieurs lieux à la fois, il ne parvient d'un endroit à un autre, qu'en passant

---

(1) Extrait de l'Exposition du Système du Monde, 4<sup>e</sup> édition.

successivement par tous les intermédiaires. Si , à chaque point de la ligne qu'il décrit, il est animé de la même force, son mouvement est uniforme, et les parties de cette ligne peuvent mesurer le temps employé à les parcourir. Quand un pendule, à la fin de chaque oscillation , se retrouve dans des circonstances parfaitement semblables , les durées de ces oscillations sont les mêmes, et le temps peut se mesurer par leur nombre. On peut aussi employer à cette mesure, les révolutions de la sphère céleste, dans lesquelles tout paraît égal : mais on est unanimement convenu de faire usage pour cet objet , du mouvement du soleil dont les retours au méridien , et au même équinoxe ou au même solstice , forment les jours et les années.

Dans la vie civile , le jour est l'intervalle de temps qui s'écoule depuis le lever jusqu'au coucher du soleil : la nuit est le temps pendant lequel le soleil reste au-dessous de l'horizon. Le jour astronomique embrasse toute la durée de la révolution diurne : c'est le temps compris entre deux midis ou deux minuits consécutifs. Il surpasse la durée d'une révolution du ciel , qui forme le *jour sidéral*; car si le soleil traverse le méridien au même instant qu'une étoile, le jour suivant il y reviendra plus tard en vertu de son mouvement propre par lequel il s'avance d'occident en orient ; et dans l'espace d'une année, il passera une fois de moins que l'étoile au méridien. On trouve ainsi qu'en prenant pour unité le jour moyen astronomique , la durée du jour sidéral est de 0j997269672.

Les jours astronomiques ne sont pas égaux : deux causes , l'inégalité du mouvement propre du soleil et l'obliquité de l'écliptique, produisent leurs différences. L'effet de la première cause est sensible ; ainsi au solstice d'été , vers lequel le mouvement du soleil est le plus lent, le jour astronomique approche plus du jour sidéral, qu'au solstice d'hiver, où ce mouvement est le plus rapide.

Pour concevoir l'effet de la seconde cause, il faut observer que l'excès du jour astronomique sur le jour sidéral, n'est dû qu'au mouvement propre du soleil, rapporté à l'équateur. Si par les extrémités du petit arc que le soleil décrit sur l'écliptique dans un jour, et par les pôles du monde, on imagine deux grands cercles de la sphère céleste; l'arc de l'équateur, qu'ils interceptent, est le mouvement journalier du soleil rapporté à l'équateur, et le temps que cet arc met à traverser le méridien, est l'excès du jour astronomique sur le jour sidéral; or il est visible que dans les équinoxes, l'arc de l'équateur est plus petit que l'arc correspendant de l'écliptique dans le rapport du cosinus de l'obliquité de l'écliptique au rayon : dans les solstices, il est plus grand dans le rapport du rayon au cosinus de la même obliquité; le jour astronomique est donc diminué dans le premier cas, et augmenté dans le second.

Pour avoir un jour moyen indépendant de ces causes, on imagine un second soleil mu uniformément sur l'écliptique, et traversant toujours aux mêmes instans que le vrai soleil, le grand axe de l'orbe solaire : ce qui fait disparaître l'inégalité du mouvement propre du soleil. On fait ensuite disparaître l'effet de l'obliquité de l'écliptique, en imaginant un troisième soleil passant par les équinoxes, aux mêmes instans que le second soleil, et mu sur l'équateur, de manière que les distances angulaires de ces deux soleils, à l'équinoxe du printemps, soient constamment égales entre elles. L'intervalle compris entre deux retours consécutifs de ce troisième soleil, au méridien, forme le jour moyen astronomique. Le *temps moyen* se mesure par le nombre de ces retours, et le *temps vrai* se mesure par le nombre des retours du vrai soleil au méridien. L'arc de l'équateur, intercepté entre deux méridiens menés par les centres du vrai soleil et du troisième soleil, et réduit en temps, à raison de la circonférence entière pour un jour, est ce que l'on nomme *équation du temps*.

Le jour se divise en vingt-quatre heures, et l'on fixe à minuit son origine. L'heure est divisée en 60 minutes, la minute en 60 secondes, la seconde en 60 tierces, etc. Mais la division du jour de dix heures, de l'heure en cent minutes, de la minute en cent secondes, est beaucoup plus commode pour les usages astronomiques.

Le second soleil que nous venons d'imaginer, détermine par ses retours à l'équateur et aux tropiques, les équinoxes et les solstices moyens. La durée de ses retours au même équinoxe ou au même solstice, forme *l'année tropique*, dont la grandeur actuelle est de 365j,2422640. L'observation a fait connaître que le soleil met plus de temps à revenir aux mêmes étoiles. *L'année sidérale* est l'intervalle compris entre deux de ces retours consécutifs : elle surpasse l'année tropique, de 0j,0141119. Ainsi les équinoxes ont sur l'écliptique, un mouvement rétrograde ou contraire au mouvement propre du soleil, par lequel ils décrivent, chaque année, un arc égal au moyen mouvement de cet astre, dans l'intervalle de 0j,0141119. Ce mouvement n'est pas exactement le même dans tous les siècles, ce qui rend un peu inégale la longueur de l'année tropique : elle est maintenant de 11″ environ plus courte qu'au temps d'Hipparque.

C'est à l'un des équinoxes ou à l'un des solstices, qu'il convient de commencer l'année. Son origine, placée au solstice d'été ou à l'équinoxe d'automne, partagerait et répartirait sur deux années consécutives, les mêmes opérations et les mêmes travaux; elle aurait ainsi les inconvéniens du jour commençant à midi, suivant l'ancien usage des astronomes. L'équinoxe du printemps, époque de la renaissance de la nature, semble devoir être pareillement celle du renouvellement de l'année; mais il est aussi naturel de la faire commencer au solstice d'hiver, que l'antiquité célébra comme l'époque de la renaissance du soleil, et qui, sous le pôle, est le milieu de la nuit dont la durée est de six mois.

Si l'année civile était constamment de 365 jours, son commencement anticiperait sans cesse sur celui de la véritable année tropique, et il parcourrait, en rétrogradant, les diverses saisons, dans une période de 1508 ans. Mais cette année, qui fut en usage autrefois dans l'Égypte, ôte au Calendrier l'avantage d'attacher les mois et les fêtes aux mêmes saisons, et d'en faire des époques remarquables pour l'agriculture. On conserverait cet avantage précieux aux habitans des campagnes, en considérant l'origine de l'année comme un phénomène astronomique que l'on fixerait, par le calcul, au minuit qui précède le solstice ou l'équinoxe : c'est ce que l'on a fait en France à la fin du dernier siècle. Mais alors les années bissextiles, ou de 366 jours, s'intercalant suivant une loi très-compliquée, il serait difficile de décomposer en jours, un nombre quelconque d'années; ce qui répandrait de la confusion sur l'histoire et la chronologie. D'ailleurs l'origine de l'année, que l'on a toujours besoin de connaître d'avance, deviendrait incertaine et arbitraire, lorsqu'elle approcherait de minuit, d'une quantité moindre que l'erreur des tables solaires. Enfin l'ordre des bissextiles changerait avec les méridiens, ce qui formerait un obstacle à l'adoption si désirable d'un même Calendrier par les différens peuples. En voyant en effet chaque peuple compter de son principal observatoire, les longitudes géographiques, peut-on croire qu'ils s'accorderont tous à faire dépendre d'un même méridien, le commencement de leur année? Il faut donc abandonner ici la nature, et recourir à un mode d'intercalation artificiel, mais régulier et commode. Le plus simple de tous, est celui que Jules-César introduisit dans le Calendrier romain, et qui consiste à intercaler une bissextile tous les quatre ans. Mais si la courte durée de la vie suffit pour écarter sensiblement l'origine des années égyptiennes, du solstice ou de l'équinoxe, il ne faut qu'un petit nombre de siècles pour opérer le même déplacement dans l'origine des années juliennes ; ce qui rend indispensable une intercalation plus composée. Dans le onzième siècle, les Perses en adoptèrent une, remarquable par son exactitude. Elle se réduit à rendre la quatrième année bissextile sept fois de suite, et à ne faire ce changement la huitième fois, qu'à la cinquième année. Cela suppose la longueur de l'année tropique de 365j,2424242 plus grande seulement, de 0j,0001602, que l'année déterminée par les observations ; en sorte qu'il faudrait un grand nombre de siècles, pour déplacer sensiblement l'origine de l'année civile. Le mode d'intercalation du Calendrier Grégorien est un peu moins exact ; mais il donne plus de facilité pour réduire en jours les années et les siècles ; ce qui est l'un des principaux objets du Calendrier. Il consiste à intercaler une bissextile tous les quatre ans, en supprimant la bissextile de la fin de chaque siècle, pour la rétablir à la fin du quatrième. La longueur de l'année que cela suppose, est de 365j,2425 plus grande que la véritable, de 0j,000236. Mais si, en suivant l'analogie de ce mode d'intercalation, on supprime encore une bissextile tous les quatre mille ans, ce qui les réduit à 969 dans cet intervalle, la longueur de l'année sera de 365j,242250 ; ce qui approche tellement de la longueur 365j,242264 déterminée par les observations, que l'on peut négliger la différence, vu la petite incertitude que les observations elles-mêmes laissent sur la vraie longueur de l'année, qui d'ailleurs n'est pas rigoureusement constante.

La division de l'année en douze mois est fort ancienne et presque universelle. Quelques peuples ont supposé les mois égaux et de trente jours, et ils ont complété l'année par l'addition d'un nombre suffisant de jours complémentaires : d'autres peuples ont embrassé l'année entière dans les douze mois, en les rendant inégaux. Le système des mois de trente jours conduit naturellement à leur division en trois décades. Cette période donne la facilité de retrouver à chaque instant, le quantième du mois. Mais, à la fin de l'année, les jours complémentaires troublent l'ordre de choses attaché aux divers jours de la décade, ce qui nécessite alors des mesures administratives embarrassantes. On obvie à cet inconvénient, par l'usage d'une petite période indépendante des mois et des années : telle est la *semaine* qui depuis la plus haute antiquité dans laquelle se perd son origine, circule sans interruption, à travers les siècles, en se mêlant aux Calendriers successifs des différens peuples.

Cette période est fondée sur le plus ancien système d'astronomie, qui plaçait le soleil, la lune et les planètes, dans cet ordre de distance à la terre : la Lune, Vénus, Mercure, le Soleil, Mars, Jupiter et Saturne. Les parties successives de la série des jours divisés en vingt-quatre parties, suivant Dion, ou seulement en quatre, selon d'autres auteurs, étaient consacrées dans le même ordre, à ces astres, en rétrogradant sans cesse de la Lune à Saturne dans le premier cas ; et en revenant de Saturne à la Lune, dans le second. Chaque jour prenait son nom de l'astre correspondant à sa première partie. La semaine se trouve dans l'Inde parmi les Brames, et avec nos dénominations ; et je me suis assuré que les jours dénommés par eux et par nous de la même manière, répondent aux mêmes instans physiques. La même période était en usage chez les Arabes, les Juifs, les Assyriens, en Chine et dans tout l'Orient. Il est impossible au milieu de tant de peuples divers, d'en reconnaître l'inventeur : nous pouvons seulement affirmer qu'elle est le plus ancien monument des connaissances astronomiques. Elle paraît indiquer une source commune, d'où les sciences se sont répandues ; mais le système astronomique qui lui sert de base, est une preuve de leur imperfection à cette origine.

Il était facile, lorsqu'on réforma le Calendrier Grégorien, de fixer au solstice d'hiver le commencement de l'année, ce qui aurait fait concourir l'origine de chaque saison avec le commencement d'un mois. Il était facile de rendre encore plus régulière la longueur des mois, en donnant vingt-neuf jours à celui de février dans les années communes, et trente jours dans les bissextiles, et en faisant les mois alternativement de trente-un et de trente jours : il eût été commode de les désigner tous par leur rang ordinal. En corrigeant ensuite, comme on vient de le dire, l'intercalation adoptée, le Calendrier Grégorien n'eût laissé presque rien à désirer. Mais convient-il de lui donner ce degré de perfection ? Il me semble qu'il n'en résulterait pas assez d'avantages, pour compenser les embarras qu'un pareil changement introduirait dans nos habitudes, dans nos rapports avec les autres peuples, et dans la chronologie déjà trop compliquée par la multitude des ères. Si l'on considère que ce Calendrier est maintenant celui de presque toutes les nations d'Europe et d'Amérique, et qu'il a fallu deux siècles et toute l'influence de la religion, pour lui procurer cette universalité, on sentira qu'il importe de lui conserver un aussi précieux avantage, aux dépens même d'une perfection qui ne porte pas sur des points essentiels; car le principal objet d'un Calendrier est d'offrir un moyen simple d'attacher les événemens à la série des jours; et par un mode facile d'intercalation, de fixer dans la même saison l'origine de l'année; conditions qui sont bien remplies par le Calendrier Grégorien.

De la réunion de cent années, on a formé le *siècle*, la plus longue période employée jusqu'ici dans la mesure du temps; car l'intervalle qui nous sépare des plus anciens événemens connus, n'en exige pas encore de plus grande.

# SECTION SECONDE.

## GÉOGRAPHIE MATHÉMATIQUE.

### *De la Sphère et du Globe.*

Avant de parler de la sphère et du globe, il est nécessaire de dire que le cercle se divise en 360 degrés, le degré en 60 minutes, et la minute en 60 secondes. Cette mesure s'appelle *sexagésimale*; la nouvelle, nommée *décimale*, partage le cercle en 400 degrés, le degré, ou grade, en 100', et la minute en 100''; ou, plus généralement, on désigne par les décimales toutes les fractions du grade.

## CHAPITRE PREMIER.

### *De la Sphère.*

Les anciens astronomes observèrent que les astres tournaient autour de la terre, de l'est à l'ouest, en 24 heures; que les cercles qu'ils décrivaient dans cette révolution étaient parallèles l'un à l'autre, mais non pas de la même grandeur, et que ceux dont le plan passait par le centre de la terre étaient les plus grands. Mais ils aperçurent dans le ciel deux points ou pivots qui conservaient toujours la même position; le supérieur est le pôle du nord, ou *arctique*, qui donne son nom à l'étoile très-voisine de lui, et qui fait partie de la petite ourse, constellation composée de sept étoiles; le point inférieur ou opposé au premier, est le pôle du sud, ou *antarctique*. Ils nommèrent ces points les *pôles du ciel*, parce que le ciel semblait tourner autour d'eux. Pour représenter ces mouvemens, ils inventèrent la *sphère*, à travers laquelle ils passèrent une verge de fer, qu'ils nommèrent un *axe*, et dont les deux extrémités tenaient aux deux pôles.

Ils observèrent, en outre, qu'au 20 mars et au 23 septembre, le cercle décrit par le soleil était à une égale distance des deux pôles. Ils en conclurent que ce cercle devait diviser la terre en deux parties égales; et en conséquence ils l'appelèrent l'*équateur*. Ils lui donnèrent aussi le nom de *ligne équinoxiale*, parce que, quand le soleil y passait, les jours et les nuits étaient d'égale longueur par toute la terre.

Ayant aussi observé que, depuis le 21 juin jusqu'au 22 décembre, le soleil s'avançait journellement vers un certain point, et qu'y étant arrivé, il rétrogradait vers le point d'où il était parti depuis le 22 décembre jusqu'au 21 juin, ils nommèrent ces points les *solstices*, parce que le soleil semblait s'y arrêter; et ils représentèrent les bornes de son cours annuel par deux cercles qu'ils nommèrent les *tropiques*, parce que, dès que le soleil y était arrivé, il semblait retourner sur ses pas.

Après avoir examiné avec attention le mouvement du soleil, ils trouvèrent qu'en 24 heures il était environ d'un degré. Ils donnèrent le nom d'*écliptique* au cercle qu'il parcourait ainsi par degrés. Ce cercle passe par les signes qui forment le *zodiaque*; il touche aux deux tropiques; et il coupe obliquement l'équateur, en faisant avec lui un angle de 23 degrés 28 minutes, qui marque la plus grande déclinaison du soleil. Ils supposèrent dans les cieux deux points à une égale distance de ce cercle, qu'ils nommèrent les *pôles de l'écliptique*; les deux *cercles polaires* passent par ces deux pôles.

Pour marquer les points des solstices, des équinoxes et des pôles de l'écliptique, ils ajoutèrent deux autres cercles, qu'ils appelèrent les *colures* : ces deux cercles coupent à angles droits l'équateur, les tropiques et les cercles polaires. Pour indiquer le milieu du cours journalier du soleil, ils ajoutèrent encore un autre cercle, qu'ils nommèrent le *méridien* : ce cercle passe par les pôles du ciel. Enfin, pour marquer le lever et le coucher des astres, ils ajoutèrent un autre cercle, qu'ils nommèrent *horizon* : ce cercle coupe le méridien à angles droits.

### Des différentes positions de la Sphère.

Les positions de la sphère indiquent les divers aspects du ciel à l'égard de chaque partie de la terre, c'est-à-dire, les différentes manières dont tous les peuples de la terre voient le ciel. Elles dépendent des diverses positions de l'horizon par rapport à l'équateur, et elles se réduisent à trois principales, qui sont : la *sphère droite*, la *sphère parallèle* et la *sphère oblique*.

La sphère est *droite*, lorsque l'équateur passant par le *zénith*, est élevé perpendiculairement au-dessus de l'horizon. C'est la position de la sphère par rapport aux peuples qui se trouvent directement sous l'équateur.

La sphère est *parallèle*, lorsque l'équateur se confond avec l'horizon, et sert lui-même d'horizon. Cette position n'a lieu que pour les habitans des pôles, supposé qu'il y en ait.

Enfin la sphère est *oblique*, lorsque l'équateur coupe obliquement l'horizon. Telle est la position de la sphère pour tous les peuples qui sont entre l'équateur et les pôles, c'est-à-dire, pour presque tous les habitans de la terre.

Suivant ces différentes positions, les apparences des mouvemens célestes sont entièrement différentes, et il en résulte des effets propres à chaque pays. Pour concevoir aisément ces effets, il faut placer la sphère dans ses trois positions.

### De la Sphère droite.

1°. Les peuples qui ont la sphère droite, ont les jours égaux aux nuits pendant toute l'année. Voici sur quoi cela est fondé.

Les cercles diurnes, ou les révolutions diurnes du soleil, forment la durée du jour civil, qui est de vingt-quatre heures. La partie de ces cercles, qui est au-dessus de l'horizon, représente la durée du jour. Cela posé :

Dans la sphère droite, les cercles diurnes sont coupés en deux parties égales par l'horizon. Donc les jours sont égaux aux nuits sous l'équateur, et par conséquent de douze heures les uns et les autres.

2°. Les habitans de l'équateur voient le soleil passer au-dessus de leurs têtes deux fois l'année, savoir : le 21 mars et le 23 septembre, et ils n'ont point d'ombre à midi. Ils le voient pendant six mois vers le nord, et leur ombre est vers le midi; pendant les six autres mois, ils le voient vers le midi, et leur ombre est vers le nord.

3°. Ils voient les pôles du monde dans leur horizon, et aperçoivent successivement toutes les parties du ciel et toutes les étoiles, parce qu'elles montent toutes sur leur horizon dans la révolution diurne.

### De la Sphère parallèle.

1°. Dans la sphère parallèle, c'est-à-dire, sous les pôles, l'année n'est composée que d'un jour et d'une nuit, qui sont l'un et l'autre de six mois.

Cela vient de ce qu'il y a une moitié de l'écliptique au-dessus de l'horizon, et l'autre moitié au-dessous. Le soleil reste six mois au-dessus de l'horizon sans se coucher, et six mois au-dessous sans se lever, pour les habitans des pôles, s'il y en a.

2°. Le soleil tourne parallèlement à l'horizon, et les ombres tournent avec lui autour des objets dans l'espace de vingt-quatre heures. Les étoiles font la même chose que le soleil; mais elles ne se lèvent ni ne se couchent jamais. Celles qui sont sur l'horizon y demeurent toujours à la même hauteur; et celles qui sont au-dessous y restent aussi toujours.

3°. L'on ne voit jamais sous les pôles que la moitié du ciel, et cette moitié est toujours la même. Sous le pôle arctique, l'on ne voit que la partie septentrionale qui se termine à l'équateur; et sous le pôle antarctique, l'on ne voit que la partie méridionale.

### De la Sphère oblique.

1°. Tous les peuples qui ont la sphère oblique, ont les jours inégaux aux nuits pendant toute l'année, excepté aux temps des équinoxes, parce que tous les cercles diurnes, excepté l'équateur, sont coupés en parties inégales par l'horizon.

2°. Plus la sphère est oblique, c'est-à-dire, plus on s'approche des pôles, plus il y a d'inégalité dans la longueur des jours et des nuits. Sous l'équateur, les jours sont en tout temps de douze heures; sous les tropiques, les plus longs sont d'environ seize heures et demie; sous les cercles polaires, ils sont de vingt-quatre; et depuis les cercles polaires jusqu'aux pôles, ils sont d'un mois, de deux, etc., jusqu'à six mois, qu'ils durent sous les pôles.

3°. Le soleil passe deux fois sur la tête de tous les peuples qui sont entre les deux tropiques, et ils voient leur ombre tantôt vers le nord, tantôt vers le midi. A l'égard des peuples situés au delà des tropiques, le soleil ne passe jamais au-dessus de leurs têtes, et leur ombre méridienne est toujours dirigée vers le pôle qui est le plus proche d'eux. A Paris, notre ombre à midi est toujours vers le nord.

L'obliquité de l'écliptique que le soleil parcourt, et la figure sphérique de la terre sont cause, comme nous l'avons dit ci-dessus, que le soleil envoie ses rayons différemment sur le globe terrestre, et que les corps jettent différentes sortes d'ombres qui ont donné lieu de partager les habitans de la terre en trois sortes de peuple qui prennent le nom de leurs ombres, savoir :

en *Amphisciens*, *Hétérosciens* et *Périsciens*. Les Amphisciens sont ceux dont l'ombre méridienne va de côté et d'autre, à savoir, du côté du septentrion, lorsque le soleil est dans les signes méridionaux; et du côté du midi, lorsqu'il parcourt les signes septentrionaux. Ils sont aussi nommés Asciens, parce que les corps sont sans ombre à midi, lorsque le soleil est à leur zénith. Les habitans de la zone torride ont cette sorte d'ombre, excepté ceux qui sont sous les deux tropiques, leur ombre n'allant que d'un côté. Les Hétérosciens sont les habitans des zones tempérées, qui ont toujours leurs ombres d'un même côté. Mais les Périsciens sont les peuples qui demeurent dans les zones froides, et dont l'ombre tourne à l'entour de leur horizon pendant leur plus long jour. Les habitans des cercles polaires sont aussi Périsciens, mais pendant un seul jour.

4°. Dans toutes les positions de la sphère oblique, il y a toujours une partie du ciel qui ne monte jamais sur l'horizon, et qui est par conséquent invisible. Cette partie est encore plus ou moins grande, suivant que la sphère est plus ou moins oblique.

### *Des divers habitans de la terre.*

On distingue les habitans de la terre en *Antéciens*, *Périéciens* et *Antipodes*. Les Antéciens sont ceux qui demeurent sous un même méridien, mais sous des parallèles opposés, également éloignés de l'équateur; c'est pourquoi si les uns demeurent sous un parallèle septentrional, les autres habitent sous un parallèle méridional. Ces peuples ont donc une même latitude et une pareille élévation des pôles opposés. Ils ont midi et minuit en même temps, mais ils ont les saisons de l'année opposées.

Les Périéciens sont ceux qui demeurent sous un même cercle de latitude, mais aux points opposés du même cercle, et sous des méridiens opposés; c'est pourquoi quand les uns ont le jour les autres ont la nuit; et quand ceux-ci ont midi, ceux-là ont minuit. Mais ayant le même pôle également élevé sur leur horizon, les saisons de l'année sont les mêmes pour eux et leur arrivent en même temps.

Les Antipodes sont ceux qui sont diamétralement opposés les uns aux autres, c'est-à-dire, qui sont éloignés les uns des autres, de tout le diamètre de la terre; c'est pourquoi ils ont toutes choses opposées.

Par ce qui vient d'être dit on voit que les Antéciens ont les mêmes heures, et les saisons contraires; les Périéciens, les mêmes saisons et les heures contraires ; et les Antipodes, les heures et les saisons contraires. Ceux qui sont sous l'équateur n'ont point d'Antéciens, mais des Antipodes, qui peuvent être aussi nommés Périéciens.

## CHAPITRE SECOND.

### De la Terre ou du Globe.

FIGURE DE LA TERRE. — On a donné le nom de globe à la terre, à cause de sa forme sphérique. On prouve sa rotondité par plusieurs exemples sensibles : c'est qu'en pleine mer ou dans un grand désert, on remarque plutôt les objets très-élevés, tels que les sommets des montagnes, les cimes des édifices, que les objets plus rapprochés de la terre ; si on poursuit toujours sa route sur mer, et dans la même direction, on se trouve, au bout de quelque temps, au lieu de son départ ; ce qui n'arriverait pas si la terre, au lieu d'être un globe, n'était qu'un plan.

MESURE DE LA TERRE. — On donne à la terre 7,200 lieues marines; son diamètre est de 2.292 lieues, et son rayon de 1146 lieues de circonférence. On évalue sa surface à 16,500,000 l. carrées.

Savoir, pour l'ancien continent. . . . . . . . . .  2,520,000  
dont l'Europe et l'Asie ont 1,600,000, et l'Afrique 920,000.

Pour le nouveau, divisé en deux parties. . . .  1,220,000  
dont l'Amérique septentrionale a 650,000, et la méridionale a 570,000.

La Nouvelle-Hollande. . . . . . . . . . . . . .  230,000  
Aperçu de la surface de toutes les îles réunies du globe. . . . . . . . . . . . . . . . . . . . . . .  300,000  
Reste pour l'Océan et les autres mers . . . . : .  12,230,000  

---

16,500,000

Pour mieux représenter la terre, les géographes ont inventé le globe, et lui ont appliqué les cercles de la sphère.

AXE ET PÔLES DU GLOBE. — L'axe du globe est une verge de fer qui le traverse, et sur laquelle il tourne. Les deux extrémités de cette verge sont les pôles du globe. Ces pôles répondent à ceux du ciel, c'est-à-dire, au pôle *arctique*, qui est celui du nord, et au pôle *antarctique*, qui est celui du sud.

CERCLES DU GLOBE. — On distingue les cercles du globe en

grands et en petits cercles. Un grand cercle est celui dont le plan passe par le centre du globe, et le divise en deux parties égales ou en deux hémisphères. Un petit cercle est celui dont le plan ne passe pas par le centre du globe, et ne le divise pas en deux parties égales. On compte six grands cercles et quatre petits.

ÉQUATEUR. — L'équateur est un grand cercle qui divise le globe en deux hémisphères, celui du nord et celui du sud. Les pôles de ce cercle sont les mêmes que ceux du globe.

HORIZON. — L'horizon est un grand cercle qui divise le globe en deux hémisphères, l'un supérieur et l'autre inférieur. Il marque le lever et le coucher des astres; car lorsqu'ils commencent à monter sur l'horizon du côté de l'orient, nous disons qu'ils se lèvent; et lorsqu'ils descendent au-dessous de l'horizon du côté de l'occident, nous disons qu'ils se couchent. Les pôles de ce cercle sont appelés le *zénith* et le *nadir*. Le premier est directement au-dessus de notre tête, et l'autre directement sous nos pieds. Le plan circulaire qui représente l'horizon sur le globe a plusieurs cercles tracés sur sa surface. Un de ces cercles marque les 30 degrés qu'occupe chacun des douze signes du zodiaque; un autre indique les noms de ces signes avec les jours du mois; enfin, un autre représente les trente-deux rumbs de vents marqués sur la boussole.

MÉRIDIEN. — Le méridien est un grand cercle qui coupe l'équateur à angles droits, et divise ainsi le globe en deux hémisphères, l'un oriental et l'autre occidental. Quand le soleil a atteint le plan de ce cercle, il est parvenu au milieu de son cours journalier. Comme cet astre n'arrive jamais au même instant au méridien, dans deux endroits situés à l'est ou à l'ouest l'un de l'autre, chacun de ces endroits a nécessairement son méridien particulier. On marque ordinairement sur le globe 24 méridiens, c'est-à-dire, un dans chaque espace de 15 degrés comptés sur l'équateur.

ZODIAQUE. — Le zodiaque est un large cercle qui coupe obliquement l'équateur, et sur lequel sont représentés les douze signes dont nous avons déjà parlé. Au milieu de ce cercle est tracé *l'écliptique*, dont le soleil ne s'écarte jamais dans son cours annuel, et dans lequel il s'avance de 30 degrés par mois. Les deux vers suivans rappellent les douze signes dans l'ordre où ils se présentent :

*Sunt, aries, taurus, gemini, cancer, leo, virgo;*
*Libraque, scorpius, arcitenens, caper, amphora, pisces.*

| | | |
|---|---|---|
| 1. ♈ Le Bélier......... Mars. | 7. ♎ La Balance..... Sept. |
| 2. ♉ Le Taureau ..... Avril. | 8. ♏ Le Scorpion.... Octo. |
| 3. ♊ Les Gémeaux..... Mai. | 9. ♐ Le Sagittaire.... Nov. |
| 4. ♋ L'Ecrevisse ......- Juin. | 10. ♑ Le Capricorne... Déc. |
| 5. ♌ Le Lion......... Juillet. | 11. ♒ Le Verseau..... Janv. |
| 6. ♍ La Vierge....... Août. | 12. ♓ Les Poissons.... Févr. |

COLURES. — Les colures sont deux grands cercles qui se coupent à angles droits aux pôles du globe. L'un passe par les points équinoxiaux du bélier et de la balance, et se nomme le *colure des équinoxes* : l'autre par les points solsticiaux du Cancer et du Capricorne, et se nomme le *colure des solstices*.

TROPIQUES. — Les tropiques sont deux petits cercles parallèles à l'équateur, dont ils sont éloignés de 23 degrés 28 minutes. L'un est vers le nord, et s'appelle le *tropique du Cancer*; l'autre est vers le sud, et s'appelle le *tropique du Capricorne*.

CERCLES POLAIRES. — Les cercles polaires sont deux petits cercles qui sont éloignés des pôles du globe de 23 degrés 28 minutes.

ZONES. — Le globe est aussi divisé en cinq zones ou bandes; la zone torride, les deux zones tempérées, et les deux zones glaciales.

La zone torride est située entre les tropiques. On la nomme *torride*, parce que, recevant directement les rayons du soleil, elle éprouve une très-grande chaleur. La végétation développe toutes ses richesses et toute sa vigueur sous l'équateur et dans presque toute la zone torride.

Les deux zones tempérées sont situées entre les tropiques et les cercles polaires. On les nomme *tempérées*, parce que, ne recevant qu'obliquement les rayons du soleil, elles éprouvent une chaleur modérée. La végétation est encore belle, surtout dans les contrées méridionales, mais très-inférieure à celle de la zone torride.

Les deux zones glaciales sont situées entre les cercles polaires et les pôles. On les nomme *glaciales*, parce que, pendant une grande partie de l'année, il y fait un froid très-rigoureux, et que les glaces y sont presque éternelles. On n'y trouve plus que des arbustes, plantes rampantes et des mousses. Les montagnes très-élevées réunissent ordinairement les productions végétales de plusieurs climats à la fois, à cause des divers degrés de température qui se font sentir depuis leur sommet jusqu'à leur base.

L'industrie de l'homme a beaucoup aussi dérangé la distribution géographique des végétaux.

Le règne animal varie comme le règne végétal, suivant les différentes zones. Les quadrupèdes les plus forts et les plus féroces habitent les déserts de la zone torride. On y trouve les plus beaux oiseaux et les insectes les plus rares. Les animaux connus par la beauté de leur fourrure, et les oiseaux par leur plumage, se réfugient dans les zones glaciales. Les reptiles et autres animaux dangereux se retirent dans les climats chauds.

Quant aux minéraux, ils sont répandus sur toute la terre.

CLIMATS. — Les anciens géographes divisaient encore le globe en climats. Ils avaient observé que le jour était invariablement de douze heures sous l'équateur, et que sa longueur augmentait en proportion qu'on avançait, soit du côté du nord, soit du côté du sud. En conséquence, ils crurent qu'ils pouvaient déterminer la distance des différens endroits situés au nord ou au sud de l'équateur, par la plus grande longueur du jour dans ces endroits : pour cet effet, ils imaginèrent des cercles parallèles à l'équateur, qui marquaient la plus grande longueur du jour à différentes distances de l'équateur ; et comme ils nommèrent *climats* les espaces compris entre ces cercles, parce qu'ils déclinaient de l'équateur vers les pôles, ils nommèrent les cercles eux-mêmes *parallèles de climats*. Ils comptaient trente climats entre l'équateur et chaque pôle. Dans les vingt-quatre premiers, le jour augmente d'une demi-heure par climat ; mais dans les six derniers, qui se trouvent entre le cercle polaire et le pôle, il augmente d'un mois par climat.

Nous donnerons ici le tableau des pays et autres endroits remarquables situés dans tous les climats au nord de l'équateur.

| CLIMATS. | LATITUDE. | | LARGEUR. | | LONGUEUR du jour. | | NOMS DES PAYS ET AUTRES ENDROITS REMARQUABLES, *situés dans tous les climats au nord de l'équateur.* |
|---|---|---|---|---|---|---|---|
| | d. | m. | d. | m. | h. | m. | |
| I | 8 | 52 | 8 | 25 | 12 | 30 | I. Dans ce premier climat, sont situés les côtes d'Or et d'Argent de l'Afrique ; Malaca dans les grandes Indes ; Cayenne et Surinam en Terre-Ferme, et l'Amérique méridionale. |
| 2 | 16 | 25 | 8 | | 13 | | II. Il contient l'Abyssinie en Afrique ; Siam, Madras et Pondichéry dans les gr. Indes ; les détroits de Darien entre le N. et le S. de l'Amérique, Tabago, les Grenades, S. Vincent et les Barbades, dans les Indes occidentales. |
| 3 | 23 | 50 | 7 | 25 | 13 | 30 | III. Il contient la Mekke en Arabie ; Bombay, et partie du Bengale aux gr. Indes ; Canton en Chine ; Mexico ; la baie de Campêche au S. de l'Amér. sept. ; la Jamaïque, S. Domingue, S. Christophe, Antigoa, la Martinique et la Guadeloupe, dans les Indes occidentales. |
| 4 | 30 | 25 | 6 | 30 | 14 | | IV. L'Égypte, les îles Canaries en Afrique ; Delhy, anc. cap. de l'empire du Mogol en Asie ; le golfe du Mexique ; la Floride orientale dans l'Amérique septentrionale ; la Havane aux Indes occidentales. |
| 5 | 36 | 28 | 6 | 8 | 14 | 30 | V. Gibraltar en Espagne ; partie de la mer Méditerranée, la côte de Barbarie en Afrique ; Jérusalem, Téhéran, capit. de la Perse, Nankin en Chine ; la Californie, le nouveau Mexique ; la Floride occidentale, la Géorgie et les Carolines dans l'Amérique septentrionale. |
| 6 | 41 | 22 | 4 | 54 | 15 | | VI. Lisbonne en Portugal ; Madrid en Espagne ; Minorque, la Sardaigne, et partie de la Grèce dans la Méditerranée, l'Asie Mineure ; partie de la mer Caspienne ; Samarkand, dans la gr. Tartarie ; Pékin en Chine, la Corée et le Japon ; Williambourg en Virginie ; le Maryland et Philadelphie dans l'Amérique septentrionale. |
| 7 | 45 | 29 | 4 | 7 | 15 | 30 | VII. Les provinces du N. de l'Espagne et du S. de la France ; Turin, Gênes, et Rome en Italie ; Constantinople et la mer Noire en Turquie ; la mer Caspienne ; partie de la Tartarie ; New-York ; Boston dans la Nouvelle-Angleterre d'Amérique septentrionale. |
| 8 | 49 | 10 | 3 | 32 | 16 | | VIII. Paris ; Vienne, capitale de l'Allemagne ; la Nouvelle-Écosse ; Terre-Neuve, et le Canada dans l'Amérique sept. |
| 9 | 52 | 0 | 2 | 59 | 16 | 30 | IX. Londres, la Flandre, Prague, Dresde, Cracovie en Pologne ; les provinces du sud de la Russie ; partie de la Tartarie et le N. de Terre-Neuve. |
| 10 | 54 | 27 | 2 | 27 | 17 | | X. Dublin, York, la Hollande, l'Hanovre et la Tartarie ; Varsovie en Pologne ; le Labrador et le S. du nouveau pays de Galles, dans l'Amérique septentr. |
| 11 | 56 | 37 | 2 | 10 | 17 | 30 | XI. Edimbourg, Copenhague, Moscou, 2e. cap. de la Russie. |
| 12 | 58 | 29 | 1 | 52 | 18 | | XII. Le sud de la Suède ; Tobolsk, cap. de la Sibérie. |
| 13 | 59 | 58 | 1 | 29 | 18 | 30 | XIII. Les îles des Orcades ; Stockholm, cap. de la Suède. |
| 14 | 61 | 18 | 1 | 20 | 19 | | XIV. Berghen en Norwège ; Pétersbourg, 1re. cap. de la Russie. |
| 15 | 62 | 25 | 1 | 7 | 19 | 30 | XV. Détroit d'Hudson, Amérique sept. |
| 16 | 63 | 22 | | 57 | 20 | | XVI. La Sibérie, et la partie S. du Groënland. |
| 17 | 64 | 6 | | 44 | 20 | 30 | XVII. Drontheim en Norwège. |
| 18 | 64 | 49 | | 43 | 21 | | XVIII. Partie de la Finlande en Russie. |
| 19 | 65 | 21 | | 32 | 21 | 30 | XIX. Arkhangel sur la mer Blanche ; Russie. |
| 20 | 65 | 47 | | 22 | 22 | | XX. Hekla en Islande. |
| 21 | 66 | 06 | | 10 | 22 | 30 | XXI. Parties du N. de la Sibérie et de la Russie. |
| 22 | 66 | 20 | | 14 | 23 | | XXII. Le N. du nouv. pays de Galles dans l'Amérique sept. |
| 23 | 66 | 28 | | 14 | 23 | 30 | XXIII. Le détroit de Davis. |
| 24 | 66 | 31 | | 3 | 24 | | XXIV. Samoyèdes. |
| 25 | 67 | 21 | 1 mois. | | | | XXV. La partie méridionale de la Laponie. |
| 26 | 69 | 42 | 2 mois. | | | | XXVI. La partie occidentale du Groënland. |
| 27 | 73 | 37 | 3 mois. | | | | XXVII. La Zemble-Australe. |
| 28 | 78 | 30 | 4 mois. | | | | XXVIII. La Zemble-Boréale. |
| 29 | 84 | 6 | 5 mois. | | | | XXIX. Spitzberg. |
| 30 | 90 | 0 | 6 mois. | | | | XXX. Inconnue. |

LATITUDE. — La latitude d'un lieu est sa distance de l'équateur ou l'élévation du pôle par rapport à ce même lieu; car à mesure qu'on s'éloigne de la ligne équinoxiale, l'étoile polaire s'élève d'autant de degrés que l'on avance. La latitude est *septentrionale*, *boréale* ou *nord*, lorsque le lieu est placé entre le pôle de ce nom et l'équateur; elle est *méridionale*, *australe* ou *sud* dans l'hémisphère opposé. Aucun lieu ne peut avoir plus de 90 degrés ancienne mesure, ou 100 de la nouvelle, parce que les pôles ne sont qu'à cette distance de l'équateur. Pour la trouver, il faut placer le lieu sous le méridien, et observer le degré de latitude qui s'y trouve marqué.

Les degrés de latitude sont égaux, excepté vers les pôles, où l'aplatissement de la terre étant reconnu de $\frac{1}{335}$, ils augmentent de cette différence peu sensible : ils équivalent à **25 lieues de France**.

PARALLÈLES DE LATITUDE. — Les parallèles de latitude sont des cercles parallèles à l'équateur, que les géographes supposent exister à chaque degré de latitude. Une partie de ces cercles se trouve tracée sur le globe, de 10 degrés en 10 degrés.

LONGITUDE. — La longitude d'un lieu est sa distance par rapport au premier méridien. Pour la trouver, il faut placer le lieu sous le méridien du globe, et observer le degré de longitude qui se trouve marqué sur l'équateur.

Le premier méridien était autrefois placé à l'Ile de Fer, la plus occidentale des Canaries; et c'était de là qu'on comptait les degrés de longitude. Les géographes placent aujourd'hui le premier méridien à la capitale de leur pays respectif : les Anglais le mettent à Greenwich, près de Londres, et les Français à Paris. Dans cet ouvrage, les degrés de longitude seront toujours comptés du méridien de Paris.

Lorsque la longitude se divise en orientale ou occidentale, aucun lieu ne peut avoir plus de 180 degrés de longitude ou 200 grades, nouvelle mesure, parce que la circonférence du globe n'étant que de 368 degrés ou 400 grades, un lieu ne peut être éloigné d'un autre de plus de la moitié de cette distance; mais l'on compte aussi la longitude sur toute la circonférence de l'équateur, en partant de l'E. du premier méridien, et revenant à l'O. du même méridien. Par cette manière, les longitudes peuvent s'élever jusqu'à 360° ou 400 grades.

Les degrés de longitude ne sont pas égaux comme ceux de latitude : à l'équateur, ils équivalent aux degrés de latitude; mais ils diminuent à mesure que les méridiens se resserrent en approchant des pôles. Voici une table qui expose cette diminution.

TABLE *qui indique le nombre de lieues que contient un degré de longitude dans chaque parallèle de latitude.*

| DEGRÉS DE LAT. | Lieues. | Fractions de lieues. |
|---|---|---|
| 0 | 25 | |
| 1 | 24 | [illegible] |
| 2 | 24 | [illegible] |
| 3 | 24 | [illegible] |
| 4 | 24 | [illegible] |
| 5 | 24 | [illegible] |
| 6 | 24 | [illegible] |
| 7 | 24 | [illegible] |
| 8 | 24 | [illegible] |
| 9 | 24 | [illegible] |
| 10 | 24 | [illegible] |
| 11 | 24 | [illegible] |
| 12 | 24 | [illegible] |
| 13 | 24 | [illegible] |
| 14 | 24 | [illegible] |
| 15 | 24 | [illegible] |
| 16 | 24 | [illegible] |
| 17 | 23 | [illegible] |
| 18 | 23 | [illegible] |
| 19 | 23 | [illegible] |
| 20 | 23 | [illegible] |
| 21 | 23 | [illegible] |
| 22 | 23 | [illegible] |
| 23 | 23 | |

| DEGRÉS DE LAT. | Lieues. | Fractions de lieues. |
|---|---|---|
| 24 | 22 | [illegible] |
| 25 | 22 | [illegible] |
| 26 | 22 | [illegible] |
| 27 | 22 | [illegible] |
| 28 | 22 | [illegible] |
| 29 | 21 | [illegible] |
| 30 | 21 | [illegible] |
| 31 | 21 | [illegible] |
| 32 | 21 | [illegible] |
| 33 | 20 | [illegible] |
| 34 | 20 | [illegible] |
| 35 | 20 | [illegible] |
| 36 | 20 | [illegible] |
| 37 | 19 | [illegible] |
| 38 | 19 | [illegible] |
| 39 | 19 | [illegible] |
| 40 | 19 | [illegible] |
| 41 | 18 | [illegible] |
| 42 | 18 | [illegible] |
| 43 | 18 | [illegible] |
| 44 | 17 | [illegible] |
| 45 | 17 | [illegible] |
| 46 | 17 | [illegible] |

| DEGRÉS DE LAT. | Lieues. | Fractions de lieues. |
|---|---|---|
| 47 | 17 | [illegible] |
| 48 | 16 | [illegible] |
| 49 | 16 | [illegible] |
| 50 | 16 | [illegible] |
| 51 | 15 | [illegible] |
| 52 | 15 | [illegible] |
| 53 | 15 | [illegible] |
| 54 | 14 | [illegible] |
| 55 | 14 | [illegible] |
| 56 | 13 | [illegible] |
| 57 | 13 | [illegible] |
| 58 | 13 | [illegible] |
| 59 | 12 | [illegible] |
| 60 | 12 | [illegible] |
| 61 | 12 | [illegible] |
| 62 | 11 | [illegible] |
| 63 | 11 | [illegible] |
| 64 | 10 | [illegible] |
| 65 | 10 | [illegible] |
| 66 | 10 | [illegible] |
| 67 | 9 | [illegible] |
| 68 | 9 | |

| DEGRÉS DE LAT. | Lieues. | Fractions de lieues. |
|---|---|---|
| 69 | 8 | [illegible] |
| 70 | 8 | [illegible] |
| 71 | 8 | [illegible] |
| 72 | 7 | [illegible] |
| 73 | 7 | [illegible] |
| 74 | 6 | [illegible] |
| 75 | 6 | [illegible] |
| 76 | 6 | [illegible] |
| 77 | 5 | [illegible] |
| 78 | 5 | [illegible] |
| 79 | 4 | [illegible] |
| 80 | 4 | [illegible] |
| 81 | 3 | [illegible] |
| 82 | 3 | [illegible] |
| 83 | 3 | [illegible] |
| 84 | 2 | [illegible] |
| 85 | 2 | [illegible] |
| 86 | 1 | [illegible] |
| 87 | 1 | [illegible] |
| 88 | 0 | [illegible] |
| 89 | 0 | [illegible] |
| 90 | 0 | |

CALCUL DES LONGITUDES ET DES LATITUDES. — Pour trouver la longitude et la latitude d'un endroit, il faut le conduire sous le méridien du globe. On a, comme nous l'avons dit, le degré de longitude marqué sur l'équateur, et le degré de latitude marqué sur le méridien. Pour trouver la différence de longitude ou de latitude de deux endroits, il faut comparer les degrés de l'un avec ceux de l'autre, et réduire ces degrés en lieues. Chaque degré de longitude à l'équateur, et chaque degré de latitude sur tout le globe à peu de chose près, comme nous l'avons dit plus haut, équivalent à 25 lieues de France.

# SUR LA LATITUDE ET LA LONGITUDE TERRESTRES (1).

La position d'un lieu sur la terre est déterminée par sa distance à l'équateur, ou par l'arc du méridien terrestre compris entre l'équateur et son parallèle, et par l'angle que forme son méridien, avec un premier méridien dont la position est arbitraire, et auquel on rapporte ainsi tous les autres. Sa distance à l'équateur dépend de l'angle compris entre son zénith et l'équateur céleste, et cet angle est évidemment égal à la hauteur du pôle sur l'horizon : cette hauteur est ce que l'on nomme *latitude* en géographie. La *longitude* est l'angle que le méridien d'un lieu fait avec le premier méridien : c'est l'arc de l'équateur, compris entre les deux méridiens. Elle est orientale ou occidentale, suivant que le lieu est à l'orient ou à l'occident du premier méridien.

L'observation de la hauteur du pôle donne la latitude : la longitude se détermine au moyen, comme nous l'avons dit plus haut, d'un phénomène céleste observé à la fois sur les méridiens dont on cherche la position respective. Si le méridien, d'où l'on compte les longitudes, est à l'orient de celui dont on cherche la longitude, le soleil y parviendra plus tôt au méridien céleste ; si, par exemple, l'angle formé par les méridiens terrestres, est le quart de la circonférence, la différence entre les instans du midi, sur ces méridiens, sera le quart du jour. Supposons donc que sur chacun d'eux, on observe un phénomène qui arrive au même instant physique pour tous les lieux de la terre, tel que le commencement ou la fin d'une éclipse de lune ou des satellites de Jupiter ; la différence des heures que compteront les observateurs, au moment du phénomène, sera au jour entier, comme l'angle formé par les deux méridiens est à la circonférence. Les éclipses de soleil et les occultations des étoiles par la lune, fournissent des moyens plus exacts pour avoir les longitudes, par la précision avec laquelle on peut observer le commencement ou la

---

(1) Extrait de l'Exposition du Système du Monde, 4ᵉ édition.

fin de ces phénomènes : ils n'arrivent pas, à la vérité, au même instant physique, pour tous les lieux de la terre; mais les élémens du mouvement lunaire sont suffisamment connus, pour tenir compte exactement de cette différence.

Il n'est pas nécessaire, pour déterminer la longitude d'un lieu, que le phénomène céleste observé, le soit en même temps sous le premier méridien : il suffit qu'on l'observe sous un méridien dont la position, à l'égard du premier méridien, soit connue. C'est ainsi qu'en liant les méridiens les uns aux autres, on est parvenu à déterminer la position respective des points les plus éloignés de la terre.

Déjà les longitudes et les latitudes d'un grand nombre de lieux ont été déterminées par des observations astronomiques : de grandes erreurs sur la situation et l'étendue des pays anciennement connus, ont été corrigées : on a fixé la position des nouvelles contrées que l'intérêt du commerce et l'amour des sciences ont fait découvrir. Mais quoique les voyages entrepris dans ces derniers temps, aient considérablement accru nos connaissances géographiques, il reste beaucoup à découvrir encore. L'intérieur de l'Afrique et celui de la Nouvelle-Hollande, renferment des pays immenses entièrement inconnus ; nous n'avons que des relations incertaines et souvent contradictoires sur beaucoup d'autres, à l'égard desquels la Géographie, livrée jusqu'ici au hasard des conjectures, attend de l'Astronomie des lumières pour fixer irrévocablement leur position.

La longitude et la latitude ne suffisent pas pour déterminer la position d'un lieu sur la terre : il faut joindre à ces deux ordonnées horizontales une troisième ordonnée verticale, qui exprime sa hauteur au-dessus du niveau des mers. C'est ici que le baromètre trouve sa plus utile application ; des observations nombreuses et précises de cet instrument, répandront sur la figure de la terre, en hauteur, les mêmes lumières que l'Astronomie a déjà donnée sur ses deux autres dimensions.

C'est principalement au navigateur, lorsqu'au milieu des mers, n'a pour guide que les astres et sa boussole, qu'il importe de connaître sa position, celle des lieux où il doit aborder, et des écueils qui se rencontrent sur sa route. Il peut aisément connaître sa latitude, par l'observation de la hauteur des astres; les heureuses inventions de l'octant et du cercle répétiteur, ont donné à ce genre d'observations, une exactitude inespérée. Mais le ciel, en vertu de son mouvement diurne, se présentant dans un jour, à peu près de la même manière, à tous les points de son parallèle, il est difficile au navigateur de fixer le point auquel il répond. Pour suppléer aux observations célestes, il mesure sa vitesse et la direction de son mouvement; il en conclut sa marche dans le sens des parallèles, et en la comparant avec ses latitudes observées, il détermine sa longitude relativement au lieu de son départ. L'inexactitude de cette méthode l'expose à des erreurs qui peuvent lui devenir funestes, quand il s'abandonne aux vents, pendant la nuit, près des côtes ou des bancs dont il se croit encore éloigné par son estime. C'est pour le mettre à l'abri de ces dangers, qu'aussitôt que les progrès des arts et de l'Astronomie, ont pu faire espérer des méthodes pour avoir les longitudes à la mer, les nations commerçantes se sont empressées de diriger, par de puissans encouragemens, les vues des savans et des artistes, sur cet important objet. Leurs vœux ont été remplis par l'invention des montres marines, et par l'extrême précision à laquelle on a porté les tables lunaires, deux moyens bons en eux-mêmes, et qui deviennent encore meilleurs, en se prêtant un mutuel appui.

Une montre bien réglée dans un port dont la position est connue, et qui, transportée sur un vaisseau, conserverait la même marche, indiquerait à chaque instant, l'heure que l'on compte dans ce port. Cette heure étant comparée à celle que l'on observe à la mer, le rapport de leur différence, au jour entier, serait, comme on l'a vu, celui de la différence des longitudes à la circonférence. Mais il était difficile d'avoir de pareilles montres; les mouvemens irréguliers du vaisseau, les variations de la température, et les frottemens inévitables et très-sensibles dans des machines aussi délicates, étaient autant d'obstacles qui s'opposaient à leur exactitude. On est heureusement parvenu à les vaincre, et à exécuter des montres qui, pendant plusieurs mois, conservent une marche à très-peu près uniforme, et qui donnent ainsi le moyen le plus simple d'avoir des longitudes à la mer: et comme ce moyen est d'autant plus précis, que le temps pendant lequel on emploie ces montres sans vérifier leur marche, est plus court, elles sont très-utiles pour déterminer la position respective des lieux fort voisins; elles ont même à cet égard quelque avantage sur les observations astronomiques dont la précision n'est point augmentée par le peu d'éloignement des observations.

Les éclipses des satellites de Jupiter, qui se renouvellent fréquemment, offriraient au navigateur un moyen facile de connaître sa longitude, s'il pouvait les observer à la mer; mais les

tentatives que l'on a faites pour surmonter les difficultés qu'op-
posent à ce genre d'observations, les mouvemens du vaisseau,
ont été jusqu'à présent infructueuses. La navigation et la géographie ont cependant retiré de grands avantages de ces éclipses,
et surtout de celle du premier satellite, dont on peut observer avec
précision le commencement ou la fin. Le navigateur les emploie
avec succès dans ses relâches: il a besoin, à la vérité, de connaître l'heure à laquelle la même éclipse qu'il observe serait vue sous un
méridien connu; puisque la différence des heures que l'on compte
sous les méridiens, est ce qui détermine la différence de leurs longitudes. Mais les tables du premier satellite de Jupiter, considérablement perfectionnées de nos jours, donnent pour le méridien
de Paris, les instans de ces éclipses, avec une précision presque
égale à celle des observations mêmes.

L'extrême difficulté d'observer sur mer ces éclipses, a forcé de
recourir aux autres phénomènes célestes parmi lesquels le mouvement de la lune est le seul qui puisse servir à la détermination
des longitudes terrestres. La position de la lune, telle qu'on l'ob-
serverait du centre de la terre, peut aisément se conclure de la
mesure de ses distances angulaires au soleil ou aux étoiles; les
tables de son mouvement donnent ensuite l'heure que l'on compte
sous le premier méridien, lorsque l'on y observe la même position; et le navigateur, en la comparant à l'heure qu'il compte
sur le vaisseau, au moment de son observation, détermine sa
longitude par la différence de ces heures.

Pour apprécier l'exactitude de cette méthode, on doit consi-
dérer qu'en vertu de l'erreur de l'observation, le lieu de la lune,
déterminé par l'observateur, ne répond pas exactement à l'heure
désignée par son horloge; et qu'en vertu de l'erreur des tables,
ce même lieu ne se rapporte pas à l'heure correspondante qu'elles
indiquent sous le premier méridien; la différence de ces heures
n'est donc pas celle que donneraient une observation et des tables rigoureuses. Supposons que l'erreur commise sur cette différence, soit d'une minute; dans cet intervalle, quarante minutes
de l'équateur passent au méridien; c'est l'erreur correspondante
sur la longitude du vaisseau, et qui, à l'équateur, est d'environ
quarante mille mètres; mais elle est moindre sur les parallèles;
d'ailleurs, elle peut être diminuée par des observations multipliées des distances de la lune au soleil et aux étoiles, et répétées
pendant plusieurs jours, pour compenser et détruire les unes par
les autres, les erreurs de l'observation et des tables.

Il est visible que les erreurs sur la longitude, correspondantes à celles des tables et de l'observation, sont d'autant moindres, que le mouvement de l'astre est plus rapide; ainsi les observations de la lune périgée, sont, à cet égard, préférables à celles de la lune apogée. Si l'on employait le mouvement du soleil, treize fois environ plus lent que celui de la lune, les erreurs sur la longitude seraient treize fois plus grandes; d'où il suit que de tous les astres, la lune est le seul dont le mouvement soit assez prompt pour servir à la détermination des longitudes à la mer; on voit donc combien il était utile d'en perfectionner les tables.

Il est à désirer que tous les peuples de l'Europe, au lieu de rapporter au méridien de leur premier observatoire, les longitudes géographiques, s'accordent à les compter d'un même méridien donné par la nature elle-même, pour le retrouver sûrement dans tous les temps. Cet accord introduirait, dans leur géographie, la même uniformité que présentent déjà leur calendrier et leur arithmétique; uniformité qui, étendue aux nombreux objets de leurs relations mutuelles, formerait de ces peuples divers, une immense famille. Ptolemée avait fait passer son premier méridien, par les Canaries, comme étant la limite occidentale des pays alors connus. Cette raison de préférence ne subsiste plus depuis la découverte de l'Amérique. Mais l'une de ces îles nous offre un des points les plus remarquables de la terre, par sa hauteur et son isolement, le sommet du pic de Ténériffe. On pourrait prendre avec les Hollandais, son méridien pour origine des longitudes terrestres, en déterminant, par un très-grand nombre d'observations astronomiques, sa position relativement aux principaux observatoires. Mais, soit que l'on convienne ou non d'un méridien commun, il sera utile aux siècles à venir, de connaître leur position avec exactitude, par rapport au sommet de quelques montagnes toujours reconnaissables par leur hauteur et leur solidité, telles que le Mont-Blanc qui domine la charpente immense et inaltérable de la chaîne des Alpes.

Manière de mesurer la distance des lieux. — Les endroits qui sont situés dans une direction oblique, c'est-à-dire qui ne sont pas directement au nord, au sud, à l'est ou à l'ouest l'un de l'autre, peuvent être mesurés d'une manière plus prompte, en étendant le compas de l'un à l'autre, et en l'appliquant ensuite sur l'équateur. Par exemple, en étendant le compas depuis la Guinée en Afrique jusqu'au Brésil en Amérique, et en l'appliquant ensuite sur l'équateur, on trouvera que la distance est de 25 degrés, qui font 625 lieues. Cette distance est mesurée en droite ligne ou à vol d'oiseau ; mais elle n'est pas exacte, considérée sous le rapport itinéraire : car les routes marines et celles tracées sur les continens sont très-différentes : les premières dépendent du vent très-variable, et les dernières, déterminées par les itinéraires, offrent beaucoup de sinuosités, qui donnent un quart, moitié et quelquefois le double en sus de la distance à vol d'oiseau.

QUART DE CERCLE POUR PRENDRE LES HAUTEURS. — Pour suppléer au compas dans cette opération, il y a ordinairement une plaque de cuivre sur le méridien  elle contient quatre-vingt-dix degrés, ou un quart de la circonférence du globe ; au moyen de quoi on mesure les distances et les gisemens des lieux, sans avoir la peine d'étendre le compas de l'un à l'autre, et de l'appliquer ensuite sur l'équateur. On nomme cette plaque *le quart de cercle.*

CERCLE HORAIRE OU ROSETTE POLAIRE. — C'est un petit cercle fixé sur le méridien, et divisé en 24 heures, avec une aiguille mobile qui tourne autour de l'axe du globe.

PROBLÈMES QU'ON RÉSOUT PAR LE GLOBE. — On peut résoudre par le globe différens problèmes : nous nous bornerons aux suivans.

I. *Le diamètre d'un globe artificiel étant donné, trouver le carré de sa surface, et sa solidité en mesure cubique.*

Multipliez le diamètre par la circonférence, le produit vous donnera la première solution. Multipliez ensuite ce produit par le septième du diamètre (1), et ce second produit vous donnera l'autre solution. On peut trouver, par la même opération, la surface et la solidité du globe réel, ainsi que toute la masse de l'atmosphère qui l'environne, pourvu qu'il y ait toujours et partout la même hauteur. Après en avoir trouvé la hauteur perpendiculaire, par l'expérience très-connue de l'élévation du mercure au pied et sur la cime d'une montagne, doublez ladite hauteur, ajoutez-en la somme au diamètre de la terre, multipliez ensuite le tout, comme un nouveau diamètre par sa propre circonférence, et déduisez du produit la solidité de la terre, il vous restera celle de son atmosphère.

---

(1) Ou plus exactement par $\frac{13}{710}$.

### II. *Pour rectifier le globe.*

Le globe étant posé sur un plan bien uni, élevez le pôle selon
la latitude donnée; fixez ensuite le quart de cercle dans le zénith,
et s'il y a une boussole sur le pied ou sur l'horizon, placez le
globe de manière que le grand méridien soit directement au S.
et au N., comme les deux pointes de l'aiguille : alors le globe
sera placé comme la terre.

### III. *Trouver la longitude et la latitude d'un lieu quelconque.*

( *Voy.* l'article où nous avons déjà rendu compte de cette
opération, pag. 57 ).

### IV. *La longitude et la latitude d'un lieu étant données,*
### *trouver sa position sur le globe.*

Tournez le globe jusqu'à ce que la longitude connue soit sous
le méridien ; comptez sur ce cercle le degré de latitude, soit S.,
soit N., et marquez-y un point; le lieu directement au-dessous
de ce point sera l'endroit que vous cherchez.

### V. *La latitude d'un lieu étant connue, trouver tous ceux*
### *qui ont la même latitude.*

Le globe étant rectifié ( *voyez* problème 2 ) selon la latitude
du lieu donné, mettez ce lieu sous le grand méridien, et faites
une marque exactement au-dessus ; en faisant faire un tour au
globe, tous les endroits qui passeront sous la marque seront à la
même latitude que le lieu donné.

### VI. *Trouver, dans quelque temps que ce soit, le lieu du soleil*
### *dans l'écliptique.*

Le mois et le jour étant donnés, cherchez-les sur l'horizon du
globe, et au-dessus du jour. vous trouverez le signe et le degré
dans lesquels le soleil est alors. Ce signe et ce degré, marqués
sur l'écliptique, sont, à peu près, la place que le soleil y occupe dans le temps donné.

### VII. *Le mois, le jour et l'heure du jour étant donnés, trou-*
### *ver les endroits du globe où le soleil est alors au méridien.*

Le pôle étant élevé selon la latitude du lieu où vous êtes, placez ce lieu sous le grand méridien; et après avoir mis l'aiguille

du cercle horaire sur l'heure du jour dans le lieu donné, ou dans celui où vous êtes, tournez le globe jusqu'à ce que la pointe de l'aiguille vienne à midi, qui est la figure XII. Fixez ensuite le globe dans cette position, et observez les endroits qui sont directement au-dessous de l'hémisphère supérieur du méridien : ce sont ceux que vous cherchez.

**VIII.** *Trouver, dans tous les temps, la longueur du jour et de la nuit dans un endroit quelconque.*

Elevez le pôle ( *voyez* problème 2 ) selon la latitude du lieu donné; trouvez le lieu du soleil dans l'écliptique ( *voyez* problème 6 ); placez-le sous l'horizon oriental; mettez l'aiguille du cercle horaire sur midi, ou à la figure XII, et tournez le globe jusqu'à ce que le point de l'écliptique touche l'horizon occidental; regardez alors sur le cercle horaire où est la pointe de l'aiguille : comptez les heures entre l'aiguille et la figure XII, c'est la longueur du jour; et ce qui fait le complément des 24 heures est la longueur de la nuit.

**IX.** *Savoir, par le moyen du globe, quelle heure il est dans toutes les parties du monde, et en tout temps, connaissant l'heure du pays où l'on se trouve alors.*

Conduisez le lieu où vous êtes au grand méridien; le pôle étant élevé selon la latitude du lieu, mettez l'aiguille horaire sur l'heure du jour; placez ensuite l'endroit dont vous voulez savoir l'heure sous le méridien; et l'aiguille marquera l'heure qu'il est dans cet endroit, quel qu'il puisse être.

**X.** *Trouver, dans un lieu donné de la zone torride, les deux jours de l'année pendant lesquels le soleil sera perpendiculaire à midi.*

Mettez le lieu donné sous le grand méridien, et marquez le degré de latitude qui se trouve directement au-dessus; faites tourner le globe, et observez les deux points de l'écliptique qui passent par ce degré de latitude, cherchez sur l'horizon ou sur les tables qui indiquent le mouvement annuel du soleil, les jours où il passe par ces points de l'écliptique : ces jours sont ceux où le soleil est perpendiculaire, au lieu donné.

XI. *Trouver, par le moyen du globe, le mois et le jour étant donnés, les endroits de la zone glaciale du Nord que le soleil commence à éclairer sans qu'il y ait de nuit, et ceux de la zone glaciale du Sud dont il commence à s'absenter totalement.*

Trouvez ( problème 6 ), le lieu du soleil dans l'écliptique ; marquez-le, et placez-le sous le méridien ; comptez, depuis le pôle arctique, en allant vers l'équateur, autant de degrés qu'il s'en trouve entre l'équateur et la place du soleil dans l'écliptique ; marquez l'endroit ; tournez ensuite le globe, et tous les endroits qui passeront sous le lieu marqué sont ceux que le soleil commence à éclairer constamment, sans se coucher, depuis le jour donné. Pour résoudre la seconde partie du problème, prenez sur le méridien, depuis le pôle antarctique, en allant vers l'équateur, la même distance que vous avez prise précédemment du pôle arctique ; marquez-là, tournez le globe, et tous les endroits qui passeront sous la marque seront ceux dont le soleil commence à se retirer totalement depuis le jour donné.

XII. *Trouver, par le moyen du globe, dans un lieu donné de la zone glaciale du Nord, le nombre de jours que le soleil paraît constamment sans se coucher, le nombre de ceux où il disparaît totalement, et le premier et le dernier jour où il est visible.*

Mettez le lieu donné sous le méridien, et observez sa latitude ( voyez le problème 2 ) ; élevez le globe en conséquence ; comptez sur le méridien, au-dessus et au-dessous de l'équateur, un nombre de degrés égal à la distance du lieu donné au pôle ; et après avoir marqué ces points, tournez le globe, et observez les deux degrés de l'écliptique qui passent directement sous les deux points marqués sur le méridien. Premièrement, l'arc septentrional de l'écliptique, c'est-à-dire, la partie comprise entre les deux degrés marqués, étant réduite ou évaluée en mois, jours et heures, donnera le nombre des jours durant lesquels le soleil paraît constamment au-dessus de l'horizon du lieu donné ; l'arc méridional de l'écliptique indiquera le nombre des jours durant lesquels le soleil ne sera point du tout visible ; il marquera aussi quels sont ces jours. Dans l'intervalle, le soleil s'y lève et s'y couche.

XIII. *Le mois et le jour étant donnés, trouver les endroits de
la terre où le soleil, arrivé au méridien, sera ce jour-là
perpendiculaire, ou passera au zénith.*

Marquez d'abord le lieu du soleil dans l'écliptique ( problème
5 ), mettez-le sous le méridien, et faites sur ce cercle une marque exactement au-dessus de la place du soleil. Tournez ensuite
le globe ; et les endroits qui ont le soleil perpendiculaire à leur
méridien, passeront successivement sous la marque.

XIV. *Le mois et le jour étant donnés, trouver sur quel point
du compas le soleil se lève et se couche dans un endroit
quelconque.*

Élevez le pôle selon la latitude de l'endroit dont il est ques-
tion ; marquez le lieu du soleil dans l'écliptique, au temps donné ;
mettez-le sous l'horizon oriental, et vous verrez sur quel point
de l'horizon le soleil se lève. En tournant le globe jusqu'à ce que
le soleil corresponde à l'horizon occidental, vous trouverez aussi
sur ce cercle le point exact où il se couche.

XV. *Trouver, par le moyen du globe, les jours et les nuits
les plus longs et les plus courts dans un lieu donné.*

Élevez le pôle selon la latitude du lieu, et conduisez au méridien le premier degré du Cancer, si ce lieu est dans l'hémisphère du N., ou le premier degré du Capricorne, s'il est dans
l'hémisphère du S.; mettez l'aiguille horaire sur midi; tournez
le globe jusqu'à ce que le premier degré du Cancer arrive à l'horizon oriental et occidental, et observez sur le cercle horaire le
nombre d'heures entre l'aiguille et la figure XII, en les comptant selon le mouvement de l'aiguille : c'est la longueur du plus
long jour; et le complément de 24 heures est la durée de la plus
courte nuit ; le plus court jour et la plus longue nuit ne sont autre chose que l'inverse de ce que nous venons de dire.

XVI. *L'heure du jour étant donnée dans un lieu quelconque,
trouver en même temps les endroits de la terre où il est minuit ou midi, ou une autre heure.*

Placez le lieu donné sous le méridien : mettez l'aiguille horaire
sur l'heure qu'il est dans cet endroit ; faites tourner ensuite le
globe jusqu'à ce que la pointe de l'aiguille vienne à la figure

XII d'en haut, et observez les lieux qui sont alors sous le demi-cercle supérieur du méridien : ce sont ceux où il est midi à l'heure donnée ; tournez ensuite le globe jusqu'à ce que la pointe de l'aiguille vienne à la figure XII opposée, et les endroits situés dans le demi-cercle inférieur du méridien seront ceux où il est minuit à l'heure donnée. Par le même moyen, on trouvera les lieux où il est une autre heure quelconque, en faisant tourner le globe jusqu'à ce que la pointe de l'aiguille vienne à l'heure qu'on désire, et en remarquant les endroits qui sont alors sous le méridien.

XVII. *Le jour et l'heure étant donnés, trouver, par le moyen du globe, dans un lieu quelconque, l'endroit de la terre où le soleil est alors perpendiculaire.*

Après avoir trouvé le lieu du soleil dans l'écliptique (problème 6), et l'avoir placé sous le méridien, faites une marque au-dessus ; cherchez (problème 16) les endroits de la terre dans le méridien desquels le soleil est pour le moment, et mettez-les sous le méridien ; observez ensuite la partie de la terre qui se trouve directement sous la marque ; c'est le lieu auquel le soleil est pour le moment perpendiculaire.

XVIII. *Le jour étant donné, trouver tous les endroits où le soleil se lève, se couche, ou est au méridien, et par conséquent tous ceux qui sont alors éclairés ou privés de sa lumière.*

On ne peut pas résoudre ce problème avec un globe monté de la manière ordinaire, et dont le cercle horaire est fixé sur le méridien, à moins qu'au jour donné, le soleil ne soit sous l'un des tropiques ou tout auprès. Mais il faut se servir de celui qui est de l'invention de M. Joseph Harrys, c'est à-dire, dont le cercle horaire est placé sur la surface du globe, au-dessous du méridien qui sert d'aiguille dans ce cas. On peut résoudre ce problème pour tous les jours de l'année, selon sa méthode (1).

Après avoir trouvé le lieu auquel le soleil est perpendiculaire à l'heure donnée, s'il est dans l'hémisphère du N., élevez le pôle arctique au-dessus de l'horizon, d'un nombre de degrés égal à ceux de la latitude du lieu. Si, au contraire, il est dans l'hémis-

-----

(1) On en trouvera chez l'éditeur.

phèrè du S., élevez le pôle antarctique de la même manière, et placez le lieu sous le méridien. Alors, dans tous les endroits qui se trouvent dans le demi-cercle occidental de l'horizon, le soleil se lève, et dans ceux qui se trouvent dans le demi-cercle oriental, le soleil se couche. Dans les lieux qui sont au-dessous du demi-cercle supérieur du méridien, il est midi; et dans ceux qui se trouvent au-dessous du demi-cercle inférieur, il est minuit. Tous les endroits qui se trouvent au-dessus de l'horizon sont éclairés par le soleil, et il est élevé au-dessus d'eux d'autant de degrés qu'ils le sont eux-mêmes au-dessus de l'horizon. Cette hauteur peut être connue en fixant le quart de cercle sur le méridien, au-dessus de l'endroit auquel le soleil est perpendiculaire; placez-le ensuite sur tout autre lieu, et observez sur le quart de cercle le nombre de degrés entre ce lieu et l'horizon. Dans tous les endroits qui sont de 18 degrés au-dessous du demi-cercle occidental de l'horizon, le crépuscule du matin commence; dans tous ceux qui sont de 18 degrés au-dessous du demi-cercle oriental, le crépuscule du soir finit; et tous ceux qui sont plus bas que 18 degrés, sont dans la nuit la plus obscure.

Placez un lieu sous le demi-cercle du méridien; fixez l'aiguille horaire à la figure XII d'en haut ou à midi, et faites tourner le globe sur son axe du côté de l'E.: lorsque ce lieu arrivera au demi-cercle occidental de l'horizon, l'aiguille vous indiquera le moment du lever du soleil dans cet endroit; et lorsque ce même lieu sera au demi-cercle oriental, l'aiguille marquera l'instant où le soleil se couche.

Dans les endroits qui ne passent pas sous l'horizon, le soleil ne se couche pas ce jour-là: et dans ceux qui sont au-dessus, le soleil ne se lève pas.

XIX. *Le mois et le jour étant donnés avec la place de la lune dans le zodiaque et sa latitude, trouver l'heure où elle se lève et se couche, et en même temps son passage au méridien pour le lieu donné.*

On prendra dans un almanach la place de la lune dans le zodiaque, et sa latitude, c'est-à-dire, sa distance de l'écliptique, en appliquant le demi-cercle de position au lieu qu'elle occupe dans le zodiaque. Pour résoudre le problème, élevez le pôle selon la latitude de l'endroit donné. Après avoir trouvé la place du soleil dans l'écliptique (problème 6), et l'avoir marquée ainsi que celle de la lune, placez le lieu du soleil sous le méridien, et mettez l'aiguille du cercle horaire sur midi ; faites ensuite tourner le globe jusqu'à ce que la place de la lune arrive successivement à la partie orientale et occidentale de l'horizon au méridien ; l'aiguille vous indiquera les heures de son lever, de son coucher et de son passage au méridien du lieu.

**XX.** *Deux endroits du globe étant donnés, connaître la véritable distance de l'un à l'autre.*

Posez le côté gradué du quart de cercle des hauteurs sur les deux endroits, et le nombre de degrés qu'il y a entre ces lieux sera la véritable distance de l'un à l'autre : comptez chaque degré pour 25 lieues.

**XXI.** *Un lieu étant donné sur le globe, avec sa véritable distance d'un autre lieu, trouver tous les endroits du globe qui sont à la même distance du lieu donné.*

Mettez le lieu donné sous le grand méridien, et élevez le pôle selon la latitude de ce lieu ; fixez ensuite le quart de cercle au zénith, et comptez la distance donnée entre le premier et le second lieu : il faut toutefois qu'il y ait moins de 90 degrés, car autrement il faudrait se servir du demi-cercle de position. Faites une marque où le compte finit ; et en conduisant le quart du cercle autour de la surface du globe, tous les endroits qui passeront sous la marque seront ceux que vous cherchez.

## OBSERVATIONS GÉNÉRALES.

1°. La latitude d'un lieu quelconque est égale, comme nous l'avons dit plus haut, à l'élévation du pôle, au-dessus de l'horizon de ce lieu ; et l'élévation ou hauteur de l'équateur est égale au complément de latitude, c'est-à-dire, à ce qui lui manque pour faire 90 degrés.

2°. Les endroits qui sont situés sous l'équateur n'ont point de latitude, car c'est là que la latitude commence ; et ceux qui sont sous le premier méridien n'ont point de longitude, parce que c'est là qu'elle commence. En conséquence, l'endroit de la terre où le premier méridien coupe l'équateur, a zéro de latitude et de longitude.

3°. Tous les lieux de la terre jouissent également des bienfaits du soleil, eu égard au temps, et en sont également privés.

4°- Tous les endroits situés sous l'équateur ont leurs jours et leurs nuits d'une longueur égale, c'est-à-dire, de 12 heures chacun, dans tous les temps de l'année; car, quoique le soleil décline alternativement de l'équateur vers le N. et vers le S., cependant, comme l'horizon de l'équateur coupe tous les parallèles de latitude par la moitié, le soleil doit nécessairement rester au-dessus de l'horizon pendant la moitié de son mouvement diurne autour de la terre, et au dessous durant l'autre moitié.

5°. Dans tous les endroits situés entre l'équateur et les pôles, les jours et les nuits sont d'égale longueur, c'est-à-dire, de 12 heures lorsque le soleil est à l'équinoxe, car, dans toutes les élévations du pôle moindres que de 90 degrés, qui est la plus grande, la moitié de l'équateur sera au-dessus de l'horizon, et l'autre moitié au-dessous.

6°. Les jours et les nuits ne sont jamais d'égale longueur dans les endroits situés entre l'équateur et les cercles polaires, excepté lorsque le soleil entre dans les signes du Bélier et de la Balance ; car, dans toutes les parties de l'écliptique, le cercle du mouvement diurne du soleil est divisé par l'horizon en deux parties inégales.

7°. Plus un lieu est près de l'équateur, moins il y a de différence dans ce lieu entre la longueur des nuits et celle des jours ; et plus il en est éloigné, plus la différence est grande : les cercles que le soleil décrit dans les cieux, en 24 h., sont coupés plus également dans le premier cas, et dans l'autre plus inégalement.

8°. Dans tous les endroits situés sous un parallèle quelconque, quelle que soit la longueur ou la brièveté du jour et de la nuit dans un de ces lieux, n'importe dans quel temps de l'année, elle est la même que dans tous les autres ; car en tournant le globe sur son axe, lorsqu'il est rectifié selon la déclinaison du soleil, tous ces endroits se trouveront au-dessus ou au-dessous de l'horizon aussi long-temps l'un que l'autre.

9°. Le soleil est perpendiculaire deux fois par an à tous les endroits situés entre les tropiques, une fois par an à ceux qui sont sous ces cercles, jamais ailleurs; car il ne peut y avoir un endroit entre les tropiques, sans qu'il y ait deux points dans l'écliptique dont la déclinaison, depuis l'équateur, soit égale à la latitude de ce lieu; et il n'y a qu'un point de l'écliptique qui ait une déclinaison égale à la latitude des endroits situés sous les tropiques que ce point de l'écliptique touche; et comme le soleil ne sort jamais d'entre les tropiques, il ne peut jamais être perpendiculaire à un lieu situé hors de ces cercles.

10°. Dans tous les endroits situés directement sous les cercles polaires, le soleil, lorsqu'il entre dans le tropique le plus voisin, reste pendant 24 heures au-dessus de l'horizon sans se coucher, parce qu'il n'y a aucune partie de ce tropique au-dessous de leur horizon; et lorsque le soleil entre dans l'autre tropique, il est pendant le même temps sans se lever, parce qu'aucune partie de ce cercle n'est au-dessus de leur horizon. Dans tous les autres temps de l'année, le soleil s'y lève et s'y couche comme partout ailleurs, parce que tous les cercles parallèles à l'équateur, entre les tropiques, sont plus ou moins coupés par l'horizon, suivant qu'ils sont plus loin ou plus près du tropique qui est au-dessous de l'horizon; et quand le soleil n'est ni dans l'un ni dans l'autre des tropiques, son cours diurne doit être nécessairement entre ces cercles.

11°. Tous les endroits situés dans l'hémisphère du nord, depuis l'équateur jusqu'au cercle polaire, ont leur plus long jour et leur plus courte nuit lorsque le soleil est dans le tropique du N., et leur plus court jour et leur plus longue nuit lorsqu'il est dans celui du S., parce qu'aucun des cercles du mouvement diurne du soleil n'est autant au-dessus et si peu au-dessous de l'horizon que le tropique du N., ni autant au-dessous et si peu au-dessus que le tropique du S. Dans l'hémisphère du S. il faut prendre l'inverse.

12°. Dans tous les endroits situés entre les cercles polaires et les pôles, le soleil luit durant un nombre de jours sans se coucher, et dans le temps opposé de l'année, il est le même temps sans se lever, parce que, dans le premier cas, une partie de l'écliptique ne se couche pas, et dans le second, elle ne se lève point. Les stations ou les absences du soleil sont plus longues ou plus courtes, à mesure que ces endroits sont plus ou moins éloignés des pôles.

13°. Si un navire part d'un port, cingle vers l'E., et revient au même port, après avoir fait le tour de la terre dans cette direction, quelle que soit la durée du trajet, ceux qui montent ce vaisseau, en comptant le temps, gagneront, à leur retour, un jour entier, ou compteront un jour de plus que ceux qui sont restés dans le port, parce qu'en avançant dans la direction opposée au mouvement diurne du soleil, et se trouvant plus avancés, chaque soir, qu'ils ne l'étaient dans la matinée, leur horizon s'élèvera d'autant au-dessus du soleil couchant, plutôt que s'ils étaient restés un jour entier dans le même endroit; et en retranchant ainsi une partie de la longueur du jour proportionnée à leur mouvement, à leur retour ils auront gagné un jour entier sans qu'il y ait réellement une seconde de temps au delà de celui qui s'est écoulé dans le port pendant leur voyage. Si, au contraire, le navire cingle vers l'O., ceux qui le montent compteront un jour de moins que les habitans du port, parce qu'en suivant graduellement le mouvement que le soleil semble avoir, ils le verront tous les jours un peu plus long-temps sur l'horizon. Par ce moyen, à leur retour, ils auront compté un jour de moins.

Il s'ensuit que, si de deux navires partant au même instant du même port pour faire le tour de la terre, l'un se dirigeait à l'E. et l'autre à l'O., et qu'ils revinssent le même jour dans ce port, il y aurait, dans le compte de leur temps, deux jours de différence; s'ils faisaient deux fois ce même tour, quatre jours; s'ils le faisaient trois fois, il y en aurait six, etc.

# GÉOGRAPHIE PHYSIQUE.

## NOTIONS GÉNÉRALES.

**VENTS.** — La terre est partout environnée d'un fluide subtil, élastique et transparent, qui s'étend à quelques lieues au-dessus d'elle, et qu'on nomme l'*air* ou l'*atmosphère*. Le fluide nous sert à l'entretien de la vie, et il nous procure le jour, en ce que les rayons du soleil s'y brisent et s'y répandent.

L'expérience a montré que l'air est susceptible d'une si grande dilatation, qu'il peut, en très-petite quantité, remplir un espace très-vaste, et qu'il peut aussi se comprimer dans un espace beaucoup plus petit que celui qu'il occupait d'abord. C'est en général la chaleur qui dilate l'air, et le froid qui le comprime : en conséquence, lorsqu'une partie de l'air reçoit un degré de chaleur ou de froid plus grand que celui qu'elle avait d'abord, il en résulte un mouvement de dilatation ou de compression dans toute cette partie, qui occasionne un déplacement.

C'est lorsque l'air est agité qu'on le nomme *vent* en général; on l'appelle *brise, ouragan, tempête,* etc., suivant le plus ou le moins de vitesse du mouvement. Il s'ensuit que les vents, considérés généralement comme incertains et très-variables, dépendent toutefois d'une cause générale, et opèrent plus ou moins uniformément en proportion que la cause est plus ou moins durable. Des observations faites en mer ont démontré que, depuis

51 degrés de latitude N., jusqu'au 50° degré de latitude S., il règne, durant toute l'année, un vent d'E. qui porte sur l'Océan atlantique et sur l'Océan pacifique. On le nomme les *vents alizés.* Ils sont le produit de l'action du soleil qui, en avançant de l'Est à l'Ouest, dilate immédiatement l'air au-dessous de lui; au moyen de quoi un courant d'air l'accompagne dans tout son cours, et occasionne constamment un vent d'Est dans ces parages. Cette cause générale est modifiée par une infinité d'autres particulières, dont l'explication serait fastidieuse et beaucoup trop compliquée pour cet ouvrage, dont le plan a plus pour objet de présenter des faits que des systèmes.

Les vents des tropiques qui soufflent presque constamment des mêmes points, sont de trois sortes : 1°. les *vents alizés* qui s'étendent à près de 300 degrés de latitude de chaque côté de l'équateur dans l'Océan atlantique, et dans les mers des Indes et d'Ethiopie; 2°. les *moussons* qui, pendant six mois, soufflent dans une direction, et pendant six autres mois dans la direction contraire : elles se font sentir principalement dans la mer des Indes, et ne s'étendent pas à plus de 200 lieues des terres. Lorsque les moussons changent de direction, ce qui arrive toujours aux équinoxes, elles occasionnent des tempêtes violentes, accompagnées d'orages, c'est-à-dire, du vent, du tonnerre et de la pluie; 3°. les *brises* de mer et de terre, autres vents périodiques, qui viennent de terre de minuit à midi, et de la mer de midi à minuit.

Ils ne s'étendent guère toutefois qu'à deux ou trois lieues de terre. Près de la côte de Guinée, en Afrique, le vent souffle toujours de l'O., du S. O., ou du S. Sur la côte du Pérou, dans l'Amérique méridionale, le vent vient constamment du S. O. Au delà de la latitude de 50 degrés, N. et S., les vents, comme nous le voyons dans la Grande-Bretagne, sont plus variables, quoique celui de l'O. soit le plus fréquent. Entre les 4 et 10 degrés de la latitude N., et entre la longitude du Cap-Vert et celle de la plus orientale des îles du Cap-Vert, il y a une étendue de mer condamnée à des calmes perpétuels, accompagnés de violens coups de tonnerre et de si fréquentes pluies, qu'on l'a nommée la *Mer des Pluies.*

On compte sur la *Rose des Vents,* c'est-à-dire, sur le cercle qui les marque, trente-deux vents principaux. On dit, par exemple, que le vent est S.-E. sud-est, pour faire connaître qu'il est entre le sud et l'est; qu'il est N.-O. nord-ouest, pour marquer qu'il est entre le nord et l'ouest. Si l'on dit qu'il est S.-S.-E. sud-

sud-est, cela signifie qu'il est entre le sud et l'est, mais plus près du sud que de l'est.

PLUIES, TONNERRE, ECLAIRS. — Les vapeurs que le soleil pompe, qui s'élèvent constamment dans l'air, et qui proviennent de la décomposition des parties terreuses, et plus encore des parties aqueuses, s'épaississent lorsqu'elles deviennent abondantes en brouillards et en nuages, et retombent à terre en gouttes de pluie, en neige ou en grêle, selon la température des régions qu'elles traversent. Quelquefois les nuages, en se heurtant, se déchargent de leur fluide et produisent le tonnerre et les éclairs.

MARÉES. — Par *marées* on entend le mouvement régulier de la mer, qui produit le flux et reflux deux fois en vingt-quatre heures. La théorie des marées fut très-peu connue, jusqu'à l'époque où l'immortel Newton l'expliqua clairement par son grand principe de gravité ou d'attraction; car, comme il démontra qu'il y a, dans tous les corps qui entrent dans le système solaire, un principe d'attraction mutuelle, proportionnée à leur distance l'un de l'autre, il s'ensuit que la lune doit attirer les parties de la mer qui sont directement au-dessous d'elle, et que par conséquent la mer s'élevera partout où la lune se trouvera perpendiculaire.

Il y a donc un mouvement de flux et reflux dans tous les lieux qui voient la lune à leur zénith. Par une raison semblable, il y a un mouvement dans ces mêmes lieux, lorsque la lune est dans un point diamétralement opposé, c'est-à-dire, à leur nadir; car les eaux de ces lieux étant alors moins attirées par la lune que celles qui sont plus près de cet astre, elles gravitent moins vers le centre de la terre, et sont par conséquent plus élevées que le reste. Dans les lieux, au contraire, qui voient la lune à l'horizon ou à la distance de 90 degrés de leur zénith, les eaux sont basses; car, comme les eaux s'élèvent en même temps sous le zénith et le nadir de la lune, la place qu'elles laissent est remplie par les eaux plus voisines qui y affluent pour maintenir l'équilibre, et ainsi de proche en proche, depuis les points qui sont à 90 degrés du zénith et du nadir de la lune, et qui auront conséquemment les eaux les plus basses.

En combinant cette théorie avec le mouvement diurne de la terre, dont nous avons donné l'explication, on concevra facilement pourquoi les marées ont un flux et reflux, deux fois en 24 heures, dans toutes les parties du globe.

Les marées sont plus hautes qu'à l'ordinaire deux fois par

mois, et c'est vers le temps de la nouvelle et de la pleine lune : on les nomme hautes-marées ou *malines*. Dans ces temps, l'action du soleil et celle de la lune sont réunies, et attirent dans la même direction, c'est-à-dire, en droite ligne; et les eaux de la mer doivent par conséquent s'élever davantage. A la conjonction, ou lorsque le soleil et la lune sont du même côté de la terre, ils concourent tous deux à l'élévation des eaux dans le zénith, et par conséquent dans le nadir; et à l'opposition, ou lorsque la terre est entre le soleil et la lune, tandis que l'un produit l'élévation des eaux dans le zénith et le nadir, l'autre en fait de même. Les marées sont aussi deux fois par mois plus faibles qu'à l'ordinaire, vers le premier et le dernier quartier de la lune; on les nomme *marées basses* ou *mortes marées*. Dans ces parties, le soleil élève les eaux où la lune les comprime, et il les comprime où la lune les élève: de façon que les marées ne sont produites uniquement que par l'influence de l'action de la lune, qui, étant plus proche de la terre, prévaut sur celle du soleil. Ces phénomènes arriveraient uniformément, si les eaux couvraient toute la surface de la terre; mais leur cours naturel étant interrompu par une infinité d'îles et de continens, on aperçoit dans différens endroits des diversités apparentes qu'il est impossible d'expliquer sans avoir examiné les situations, rivages, détroits, etc., qui contribuent tous à les produire.

Courans. — On rencontre souvent dans l'Océan des courans qui entraînent les navires très-loin du cours que les navigateurs se proposaient de suivre. Il y a un courant perpétuel appelé *Courant Equatorial*, qui porte les eaux de l'E. à l'O., tandis qu'un second, nommé *Courant Polaire*, les entraîne constamment de l'Océan atlantique dans la Méditerranée, à travers le détroit de Gibraltar. On en trouve un aussi dans la mer Baltique : il traverse le détroit qui forme l'entrée de cette mer, et se jette dans la mer du Nord. Autour des petites îles et des caps qui sont au milieu de l'Océan, les marées sont très-faibles; mais autour des baies et aux environs des embouchures des rivières, elles montent depuis 12 jusqu'à 50 pieds.

Cartes. — Une carte représente la terre ou une de ses parties. Une carte diffère d'un globe comme un tableau diffère d'une statue. Un globe, par sa forme ronde, représente très-bien celle de la terre; mais une carte, dont la surface est plane, ne peut pas la représenter aussi bien.

Les rivières sont représentées sur les cartes par une ligne noire, qui est plus large vers l'embouchure de la rivière, c'est-à-dire, vers l'endroit où elle se jette dans la mer, que vers celui où elle prend sa source. Les montagnes sont figurées comme sur un tableau : les forêts sont marquées par des espèces de petits arbres amoncelés; les fondrières et les marais par des ombres; les sables et les bas-fonds par des points, et les routes par une double ligne. Près des ports, la hauteur des eaux est indiquée par des chiffres qui représentent des brasses : la brasse est une mesure d'environ cinq pieds.

Points cardinaux. — Rien n'est plus facile que de s'orienter, en quelque lieu que l'on soit, c'est-à-dire, de reconnaître l'orient et les autres points cardinaux du lieu où l'on se trouve : il suffit pour cela de se tourner en face de l'endroit où le soleil paraît se lever; on a alors devant soi l'Est, derrière soi l'Ouest, à la droite le Sud, et à la gauche le Nord.

On s'oriente la nuit par l'étoile polaire, lorsque le temps le permet. C'est une étoile brillante placée dans le ciel, vers la queue de la *petite Ourse*, et fixée au nord. En la regardant, on a devant soi le Nord, derrière soi le Sud, à droite l'Est, et à gauche l'Ouest.

Enfin, on s'oriente par la *boussole*, qui est un cadran dont l'aiguille frottée d'aimant, se tourne toujours vers le Nord. Le principal usage de la boussole est sur la mer.

Le haut d'une carte représente le N.; le bas représente le S.; à la gauche est l'O., à la droite est l'E. Les méridiens sont tracés du haut en bas, et les parallèles de latitude d'un côté à l'autre. Comme les degrés de latitude et de longitude sont marqués sur les méridiens et les parallèles qui terminent la carte, on peut, au moyen de l'échelle des mesures, trouver la distance des lieux sur une carte comme sur un globe : ainsi, pour trouver la distance entre deux villes, il faut mesurer avec un compas l'intervalle qui les sépare, et l'appliquer sur l'échelle des mesures. Si les deux villes sont directement au N., au S., à l'E. ou à l'O. l'une de l'autre, il faut compter les degrés sur les méridiens ou sur les parallèles : en les réduisant en lieues, on trouve la distance en ligne droite, sans avoir besoin de la mesurer.

# DESCRIPTION DU GLOBE TERRESTRE.

DIVISIONS NATURELLES DE LA TERRE ET DE L'EAU. — 1°. Les différentes parties de la terre sont distinguées en continens, îles, presqu'îles, isthmes, caps, côtes, montagnes, vallées, plaines, forêts et déserts.

Un *continent* est une grande étendue de terre, qui contient plusieurs pays, et qui est totalement environnée d'eau. Une *île* est une moindre étendue de terre, qui est totalement environnée d'eau. Une *presqu'île* est une étendue de terre, qui est totalement environnée d'eau, excepté le côté par où elle est jointe au continent. Un *isthme* est une langue de terre fort étroite, qui joint une presqu'île au continent. Un *cap*, qu'on appelle aussi *promontoire* ou *pointe*, est une partie de terre qui s'avance dans la mer. Une *côte* est une partie de terre qui borde la mer.

La surface de la terre offre un assemblage d'élévations et d'enfoncemens qui se combinent d'une infinité de manières. On appelle les premières, *montagnes*. Leurs sommets offrent différentes formes que les géologues ont désignées sous les nom d'*aiguilles*, de *pics* ou *puys*, de *dents*, de *cornes*, de *dômes*, de *ballons* et de *brèches*.

On nomme *arête* ou *crête* une suite de sommets aigus, surtout si elle est découpée. Les montagnes et les vallées ne sont que des inégalités presque imperceptibles sur la grande masse de la terre.

Les *plateaux* sont de grandes masses de terre élevées, qui peuvent renfermer des montagnes, des vallées et des plaines. Les *vallées*, les *plaines*, les *forêts* et les *déserts* n'ont pas besoin de définition : ces termes sont assez connus.

On nomme *steppes*, en Asie, d'immenses plaines couvertes de végétaux herbacés; *savanes*, dans l'Amérique septentrionale, *llanos* ou *pampas*, dans l'Amérique méridionale; les plaines moins étendues s'appellent *landes*.

Les *volcans* sont en très-grand nombre sur notre globe; ils exercent leurs ravages dans l'Amérique méridionale, dans plusieurs archipels et quelques côtes de l'Océan atlantique. Les parties européennes qui avoisinent la Méditerranée renferment aussi des volcans.

Les *tremblemens de terre* qui précèdent ou accompagnent ordinairement les éruptions volcaniques, se font sentir dans tous es pays, et occasionnent des désastres dont nous avons des exemples récens, tels que le renversement des villes de Lisbonne, de Quito, de Lima, et dernièrement de plusieurs villes dans la capitainerie de Caraccas.

Nous ne tenterons pas ici de sonder la profondeur des enrailles de la terre. Le globe, par le déluge et d'autres causes physiques, a éprouvé de grandes révolutions; et les hommes, de leur côté, ont été les auteurs de grands changemens politiques qui souvent ont influé sur l'état naturel de la terre. C'est à la *géologie* qu'il appartient d'examiner sa *structure intérieure;* sans empiéter sur son domaine, la géographie ne doit décrire que la surface de notre globe.

Il y a deux continens, l'ancien et le nouveau. Le continent ancien, ainsi nommé parce que c'est le premier qui ait été connu des anciens et des modernes, renferme l'Europe et l'Asie au N., et l'Afrique au S. L'Afrique est jointe à l'Asie par l'isthme de Suez. Le continent nouveau, découvert depuis environ trois siècles, contient l'Amérique; elle a deux parties : l'Amérique septentrionale et l'Amérique méridionale, qui sont jointes ensemble par l'isthme de Panama.

La *Nouvelle-Hollande,* découverte dans le seizième siècle, n'a pas encore reçu le nom de continent, quoiqu'on puisse l'appeler ainsi, et qu'on la compte pour la *cinquième partie* de notre globe. Quelques géographes ont donné différens noms à cette grande île, en y comprenant l'immense archipel d'îles nouvellement découvertes, qui l'environne : les Allemands l'ont nommée *Australie,* les Anglais *Polynésie, Australasie,* d'après le président Desbrosses; d'autres géographes modernes l'ont appelée *Océanique;* mais ce nom est trop vague et trop insignifiant, puisqu'il y a plusieurs océans. La dénomination de *Grand Océan,* donnée par M. de Fleurieu dans sa carte, à la suite du Voyage de Marchand, paraît plus naturelle.

Les montagnes des continens sont regardées comme la charpente de notre globe.

2°. Les différentes parties de l'eau sont distinguées en océans, mers, golfes, détroits, baies, anses, havres, fleuves, rivières et lacs.

Un *océan* est une grande étendue d'eau dont la communication n'est pas interceptée par des terres. Une *mer* est une partie d'un océan qui s'avance dans les terres : si cette partie est moins considérable, on la nomme un *golfe* ou une *baie;* si elle est moins considérable encore, on l'appelle une *anse* ou un *havre*

Un *détroit* est une partie d'un océan ou d'une mer qui est resserrée par des terres, et qui fait communiquer un océan avec un autre océan, ou un océan avec une mer, ou une mer avec une autre mer. Les *lacs*, les *fleuves* et les *rivières* n'ont pas besoin de définitions : ces termes sont assez connus. Nous observerons seulement que la rive droite et la rive gauche d'un fleuve ou d'une rivière se prennent en descendant vers son embouchure.

Il y a deux grands océans, l'océan *Occidental* et l'océan *Austro-Oriental*, ou *Grand Océan* : le premier, compris entre les côtes occidentales de l'ancien continent et les côtes orientales du nouveau, est divisé en trois parties, savoir : la *mer Glaciale arctique*, qui baigne les côtes septentrionales de l'Europe, de l'Asie et de l'Amérique ; l'océan *Atlantique*, qui sépare l'Europe et l'Afrique de l'Amérique ; la *mer du Nord*, qui sépare la Grande-Bretagne de l'Allemagne, du Danemarck, et de la partie méridionale de la Norwège. Le grand océan Austro-Oriental comprend aussi trois grandes parties, la *mer Glaciale du Sud* ou *Antarctique*, la *mer Pacifique*, qui sépare l'Asie de l'Amérique, et l'océan *Indien*, qui baigne les côtes méridionales de l'Asie et les côtes orientales de l'Afrique, et fait communiquer au S. l'océan Atlantique avec l'océan Pacifique. On donne encore à ces mers plusieurs subdivisions, dont nous parlerons en décrivant les différentes parties du monde.

CHOROGRAPHIE et TOPOGRAPHIE. — La première comprend rigoureusement la description des pays ou des parties qui composent un Etat ; la seconde embrasse les lieux pris en particulier.

---

# EUROPE.

Nous commencerons cette description par l'Europe, comme la partie du monde la plus intéressante pour nous. L'ordre géographique que nous suivrons sera du Nord au Sud.

## COUP D'OEIL GÉNÉRAL.

QUOIQUE l'Europe soit la partie du globe la moins étendue, elle n'en mérite pas moins de fixer notre attention : c'est dans l'Europe que l'esprit et le génie des hommes ont pris leur plus grand essor ; c'est là que les sciences et les arts ont été portés au plus haut degré de perfection; et, si nous en exceptons les premiers siècles du monde, c'est en Europe que nous trouvons la plus grande diversité de caractères, de mœurs et de gouvernemens : cette partie du globe nous offre le plus grand nombre de faits et de mémoires, soit pour l'amusement, soit pour l'instruction.

La géographie nous découvre, relativement à l'Europe, deux circonstances qui ont dû contribuer puissamment à sa supériorité sur le reste du monde : elles consistent dans l'heureuse température de son climat, dont aucune partie n'est sous la zone torride, et dans la grande variété de sa surface. L'expérience a fait suffisamment connaître l'effet qu'un climat modéré produit sur les animaux et sur les plantes. Le grand nombre de montagnes, de rivières, de mers, etc., qui séparent les différens pays de l'Europe, est encore un avantage pour ses habitans. Ces limites naturelles mettent un frein aux progrès des conquêtes et du despotisme, qui se sont répandus si rapidement dans les immenses plaines de l'Afrique et de l'Asie. Les mers et les rivières facilitent les relations et le commerce entre les différentes nations. Les montagnes, et même les rochers arides, ont, sur les sols fertiles qui produisent presque sans culture, l'avantage d'exciter l'industrie et l'invention des hommes.

La Grèce est la partie de l'Europe dont la surface est la plus variée et la plus entrecoupée de divisions et de bornes naturelles. Nous avons vu qu'elle fut aussi celle où l'esprit humain commença à connaître et à exercer ses forces, où les arts utiles, et ceux qu'on nomme beaux-arts, furent inventés, ou au moins portés à leur plus haut degré de perfection. L'Europe est, relativement au reste du globe, ce que la Grèce fut autrefois par rapport à l'Europe. L'ancienne Grèce (car nous n'entendons pas parler de la Grèce telle qu'elle est aujourd'hui sous la domination des Turcs et des Barbares) était fort supérieure au reste de l'Europe, par l'équité de ses lois et la liberté de sa constitution. L'Europe, en général, s'est aussi distinguée en s'éloignant beaucoup moins que les autres parties du globe de la nature et de l'égalité. Quoique le plus grand nombre des gouvernemens de cette partie du monde soit monarchique, on peut découvrir, en les considérant avec attention, une infinité de petits ressorts qui diminuent la force, adoucissent la rigueur de ces monarchies : ce qui n'existe pas ailleurs.

# EUROPE.

## GÉOGRAPHIE PHYSIQUE.

### *Situation, limites, étendue.*

L'EUROPE, située entre le 35° et le 72° deg. de lat. N., et entre le 12° degré de long. O. et le 62° degré de long. E., est bornée au N. par la mer Glaciale; à l'O., par l'Océan Atlantique; au S., par la mer Méditerranée, qui la sépare de l'Afrique; et à l'E., par les monts Ourals ou Poyas et la rivière Oural, qui forment la limite occidentale de l'Asie. Elle a environ 1100 lieues de longueur du S. O. au N. E., et 900 lieues de largeur du N. au S.

MONTAGNES. — L'Europe est physiquement divisée en cinq grandes chaînes de montagnes. 1°. Les *Alpes Scandinaves* au N., traversent la Norwége, la Suède, la Laponie, et se réunissent aux montagnes de la Russie; 2°. les *Alpes* au centre avec leurs quatre grandes branches, savoir : le *Jura* et les *Vosges*, les Alpes *Noriques* et *Styriennes*, les *Appennins*, les *Cévennes* et les monts d'*Auvergne*; 3°. les *Pyrénées* au S. avec leurs ramifications; 4°. les *Krapacks* ou *Karpathes* à l'E. avec leurs deux prolongemens, savoir : les montagnes de la Transylvanie, les *Sudètes*, les montagnes de Bohême, de Saxe, de Thuringe et du Harz; 5°. l'*Hémus* au S. E. avec ses demi-branches en Servie, Bosnie, Dalmatie et en Grèce.

Les monts *Hekla* et *Katlougia*, dans l'Islande, le mont *Vésuve* dans le royaume de Naples, le mont *Gibel* (Etna) dans la Sicile, sont des Volcans, c'est-à-dire, des montagnes brûlantes.

CAPS. — Les principaux caps de l'Europe sont : le cap *Nord*, au N. de la Norwége; le *Naze*, le *Skagen*, au N. du Jutland; le cap de la *Hogue*, au N. O. de la France; le cap *Finisterre*, au N. O. de l'Espagne; le cap *Saint-Vincent*, au S. O. du Portugal; et le cap *Matapan*, au S. de la Turquie d'Europe.

MERS. — L'*Océan Atlantique*, qui borne l'Europe à l'O., prend son nom du mont *Atlas*, qui se trouve en Afrique. On le nomme aussi l'*Océan Occidental*. On lui donne encore d'autres noms qui ont rapport aux différens pays qu'il baigne : on l'appelle *mer du Nord* ou *mer d'Allemagne*, entre le Danemarck, l'Allemagne et les Pays-Bas, d'une part, l'Ecosse et l'Angleterre, de l'autre part; le *Pas-de-Calais*, entre Calais et Douvres; la *Manche*, à cause de sa forme, entre la France et l'Angleterre; la *mer d'Irlande*, ou le *canal SaintGeorges*, entre l'Ecosse et l'Angleterre, d'une part, et l'Irlande de l'autre part; le *golfe de Gascogne*, le long d'une partie des côtes occidentales de la France; et la *baie de Biscaye*, le long des côtes septentrionales de l'Espagne.

La *mer Glaciale* ou *Océan Arctique*, qui borne l'Europe au N., forme, auprès d'Arkhangel, dans la Russie d'Europe, un golfe qu'on nomme la *mer Blanche*.

La *mer Baltique*, ou simplement la *Baltique*, est une mer intérieure située entre le Danemarck, la Suède et la Russie d'Europe, d'une part, et l'Allemagne, la Prusse et la Pologne de l'autre part. Elle communique avec le Cattégat par le détroit du Sund, le grand et le petit Belts. Le golfe du Cattégat communique avec celui de *Skager-Rack*, qui est un bras de la mer du Nord.

La *mer Méditerranée*, ou simplement la *Méditerranée*, qui borne l'Europe au S., tire son nom de ce qu'elle est située au milieu des terres. On lui donne encore d'autres noms, qui ont rapport aux différens pays qu'elle baigne : on l'appelle *golfe de Lyon*, le long des côtes de la France qui avoisinent l'embouchure du Rhône; la *mer Adriatique*, entre l'Italie et la Turquie d'Europe; l'*Archipel*, entre la Turquie d'Europe et la Turquie d'Asie; et la *mer du Levant*, dans sa partie la plus orientale, qui s'avance dans la Turquie d'Asie. La Méditerranée communique avec l'Océan Atlantique par le détroit de Gibraltar.

La *mer de Marmara* communique avec l'Archipel par le détroit des Dardanelles.

La *mer Noire* communique avec la mer de Marmara par le détroit de Constantinople. Elle tire son nom de ce qu'elle est orageuse.

La *mer d'Azof*, ou la *mer de Zabache*, communique avec la mer Noire par le détroit de Caffa.

La Baltique, la Méditerranée, avec les autres mers qui en dépendent, sont des mers intérieures.

LACS. — Les principaux lacs de l'Europe sont les lacs *Onéga*,

*Ladoga*, *Peipus* et *Ilmen*, dans la Russie d'Europe ; les lacs *Wener*, *Wetter* et *Mœlar*, en Suède ; ceux de *Pajane* et de *Saïmen*, en Finlande ; le lac de *Constance*, dans l'Allemagne ; et le lac de *Genève*, entre la France et la Suisse.

FLEUVES — Les principaux fleuves de l'Europe sont : le *Volga*, le *Don*, le *Dniéper*, la *Tamise*, le *Rhin*, la *Loire*, le *Rhône*, l'*Elbe*, le *Danube*, la *Vistule*, le *Niester*, le *Tage*, l'*Èbre*, la *Guadiana* et le *Pô*. Le Volga prend sa source dans la Russie d'Europe ; et, après avoir parcouru l'espace de 1000 lieues, se jette dans la mer Caspienne, qui est en Asie. — Le Don nait dans la même contrée ; et, après un cours de 330 lieues, débouche dans la mer d'Azof. — Le Dniéper sort aussi de la même région ; et, après un cours de 350 lieues, débouche dans la mer Noire. — La Tamise prend sa source dans l'Angleterre, passe à Londres, et se rend dans la mer du Nord. Le Rhin commence en Suisse, coule à l'E. de la France, et va se perdre en partie dans la mer du Nord, et en partie dans le Zuyderzée. — La Loire prend sa source dans la France, en parcourt une grande partie, et se jette dans l'Océan Atlantique. — Le Rhône sort de la Suisse, arrose une partie de la France, et se rend dans le golfe de Lyon. — L'Elbe coule dans l'Allemagne, en parcourt une grande partie, et se jette dans la mer du Nord. — Le Danube prend sa source dans la même contrée ; et, après un cours de 450 l., se rend dans la mer Noire. — La Vistule naît sur les frontières de la Hongrie, traverse la Pologne et la Prusse, et se jette dans la mer Baltique. — Le Niester commence sur les frontières de la Pologne, coule entre ce pays et la Russie d'Europe, et se rend dans la mer Noire. — Le Tage coule en Espagne, traverse le Portugal, et se jette dans l'Océan Atlantique. — L'Èbre sort de la même contrée, en parcourt une partie, et se rend dans la Méditerranée. — La Guadiana prend aussi sa source dans la même contrée, en arrose une partie, et se jette dans l'Océan Atlantique. — Le Pô descend du mont Viso en France, et, après avoir parcouru la partie septentrionale de l'Italie, débouche dans la mer Adriatique.

## GÉOGRAPHIE POLITIQUE.

*Population*, *Habitans*, *Langues*. — On assigne à l'Europe 182 millions d'habitans. On compte dans l'Europe 34 peuples ; savoir :

Au N. : les Islandais, les Lapons, les Norwégiens, les Danois, les Suédois, les Russes; les Finnois, les Esthoniens, les Lives, les Lettons, les Ecossais, les Anglais, les Gallois, les Irlandais.

Au centre : les Français, les Bas-Bretons, les Flamands, les Hollandais, les Grisons, les Allemands, les Bohémiens, les Lusaciens, les Wendes, les Polonais, les Croates, les Serviens, les Hongrois.

Au S. : les Turcs, les Grecs, les Albanais, les Italiens, les Basques, les Espagnols et les Portugais, sans compter trois peuples qui, quoique habitant une partie de l'Europe, lui sont restés étrangers : les *Juifs*, les *Arméniens* et les *Zingari*.

En regardant comme la même nation tous les peuples dont la langue indique une origine commune, on peut comprendre ces trente-quatre peuples en douze classes : ce sont les *Celtes*, les *Cimbres*, les *Germains*, tant Teutons que Scandinaves, les *Basques* ; les peuples dont les langues viennent du *latin*; les *Slaves*, les *Grecs*, les *Turcs*, les *Lettons*, les *Finnois*, les *Hongrois* et les *Albanais*.

La langue celtique est une langue primitive qu'on parle encore dans deux dialectes, en Irlande et en Ecosse.

On trouve dans les pays de Galles, de Cornouailles et dans la Basse-Bretagne, les descendans des Cimbres ; et leur langue s'y est conservée en deux dialectes.

Les Germains qui habitaient les pays depuis la rive gauche du Danube jusqu'aux extrémités du Nord, et entre le Rhin et la Vistule, étaient bornés à l'O. par les Celtes, et à l'E. par les Sarmates : ils forment deux grandes familles, celle des peuples *Teutoniques* et celle des *Scandinaves*. La langue des premiers a deux dialectes très-différens, connus sous le nom de haut et bas allemand.

Les peuples d'origine teutonique sont les Allemands, les Hollandais et Flamands, et les Anglais.

On trouve des Allemands en Suisse. L'Alsace, les pays de la rive gauche du Rhin, et ceux de la Lippe, de l'Ems Oriental, des Bouches du Weser et de l'Elbe; la Confédération Germanique, la Prusse, sont entièrement peuplés d'Allemands, qui se rencontrent dans la partie de l'Autriche qui dépend de l'Allemagne, et dans le Holstein. Ils sont aussi répandus dans les gouvernemens de l'Empire Russe et dans les provinces Illyriennes.

La langue de la Scandinavie, qui comprend les îles et péninsules situées entre la mer Glaciale, la mer du Nord et la Baltique, forme trois branches : le Danois, le Norwégien, dont l'Islandais est un dialecte, et le Suédois.

Les peuples dont la langue vient du latin sont : les Italiens , les Espagnols et les Portugais , les Français , les Grisons et les Walaques.

Les Basques , qui habitent les deux côtés des Pyrénées en France et en Espagne , parlent une langue primitive et étrangère à toutes celles qu'on connaît.

Les langues Slaves diffèrent dans leurs caractères de toutes les autres langues anciennes et modernes ; elles sont en vigueur chez les Russes , les Serviens , les Croates , les Wendes , les Polonais , les Bohémiens et Lusaciens.

Le Grec moderne se divise en treize idiomes principaux. On le parle à Trébisonde, à Constantinople , à Nicomédie , en Macédoine , en Thessalie , dans la Grèce continentale et dans la plupart des villes du Péloponèse, dans les Sept-Îles et dans celles de l'Archipel.

La langue des Turcs qui descendent des Tartares comprend un grand nombre de mots arabes et persans. Celle des Lettons est formée en grande partie des langues des Goths et des Slaves.

Les peuples Tschoudes , ou de race finnoise , sont les Finlandais, les Lapons , les Esthoniens et les Lives.

Outre le finnois qui domine dans la langue hongroise , on y trouve un grand nombre de mots slavons , turcs , germaniques , même persans et arabes.

Les Albanais , que les Turcs appellent *Arnautes* , ont une langue particulière. Ils n'habitent pas seulement les côtes de la mer Adriatique , mais sont répandus dans l'Empire turc.

RELIGIONS. — La religion chrétienne est celle de tous les États de l'Europe , excepté la Turquie, où le mahométisme est établi. Mais les chrétiens de l'Europe forment trois églises différentes : l'église catholique, l'église grecque et l'église des protestans. L'église catholique, autrefois composée de l'église latine et de l'église grecque , est réduite à l'église latine , depuis que l'église grecque a fait schisme avec elle. L'évêque de Rome , le chef de l'église catholique , a le titre de *pape* ou de *souverain pontife*. Le chef de l'église grecque est l'archevêque de Constantinople, qui a le titre de *patriarche*. L'église des protestans se divise en un grand nombre de sectes, dont les principales sont celles des luthériens et des calvinistes, qui tirent leur nom de Luther et de Calvin. Les juifs sont aussi très-répandus dans l'Europe.

GOUVERNEMENS. — Il y a dans l'Europe des monarchies *des-*

*potiques*, comme la Russie, la Turquie; des monarchies *absolues*, comme le Danemarck; des monarchies *limitées*, telles que la France, la Suède, les États de la Confédération Germanique, l'Autriche, les royaumes d'Angleterre et d'Italie. La Suisse et Saint-Marin sont les seules républiques de l'Europe.

Division. — L'Europe contient les États qui sont marqués dans le tableau suivant.

| PRINCIPAUX ÉTATS. 14. | Longueur. | Largeur. | CAPITALES | DISTANCE de PARIS. | Différence de temps du méridien de Paris. | RELIGIONS. |
|---|---|---|---|---|---|---|
| | L. | L. | | Lieues. | H. m. s. | |
| **EUROPE SEPT.** | | | | | | |
| Suède . . . . . | 375 | 180 | Stockholm. . | 380 N.-E. | 2 55 av. | Luthériens. |
| Danemarck. . . . | 80 | 60 | Copenhague. | 250 N.-E. | 4 2 av. | Luthériens. |
| Russie d'Europe. | 650 | 350 | Pétersbourg . | 500 N.-E. | 1 51 56 av. | Eglise grecque. |
| Iles-Britanniques . | 127 | 100 | Londres . . . | 98 N.-O. | 9 43 ap | Anglicans. |
| **EUROPE CENT.** | | | | | | |
| Pays-Bas. . . . . | 80 | 55 | Amsterdam . | 105 N.-E. | 10 6 av. | Calv. Cathol. |
| France. . . . . . | 220 | 115 | Paris. . . . . | | | Catholiques. |
| Suisse. . . . . . | 90 | 50 | Berne . . . . | 107 S.-E. | 20 av. | Cathol. et Calv. |
| Confédération-Germanique . . . . | 240 | 195 | Francfort-sur-le-Mein . . | 115 N.-E. | 25 30 av. | Cath. Luth. Calv. |
| Empire d'Autriche. | 272 | 200 | Vienne. . . . | 250 E. | 56 12 av. | Catholiques. |
| Prusse . . . . . . | 160 | 110 | Berlin . . . . | 200 N.-E. | 30 10 av. | Cathol. et Luth. |
| **EUROPE MÉR.** | | | | | | |
| Turquie d'Europe | 335 | 85 | Constantinople. . . . . | 532 S.-E. | 1 49 20 av. | Mahométans et Eglise grecque. |
| Italie comprenant plusieurs États. | 120 | 135 | Rome . . . . | 260 S.-E. | 40 30 av. | Catholiques. |
| Espagne . . . . . | 250 | 195 | Madrid . . . | 280 S. | 21 8 ap. | Catholiques. |
| Portugal . . . . . | 125 | 55 | Lisbonne. . . | 350 S.-O. | 45 47 ap. | Catholiques. |

| SITUATION. | ILES PRINCIPALES. | NATIONS auxquelles elles appartiennent |
|---|---|---|
| Mer du Nord.. Mer Baltique .. | Islande . . . . . . . . . . . . . . . . Seeland. . . . . . . . . . . . . . . . . | Danemarck. |
| Mer Méditerra- née. . . . . . . . | Corse . . . . . . . . . . . . . . . . . Sicile. . . . . . . . . . . . . . . . . . Sardaigne. . . . . . . . . . . . . . . Ivica, Majorque et Minorque. Malte. . . . . . . . . . . . . . . . . . | France. Son roi. Son roi. Espagne. Angleterre. |
| Mer Adriatique. | Iles Ioniennes, comprenant Corfou, Paxos, Ste-Maure, Théaki, Céphalonie, Zante et Cérigo. . . . . . . . . . . . . . | États-Unis sous la protection de l'Angleterre. |
| Archipel . . . . . . | Candie, Milo, Santorin, Si- phanto, Paros, Naxia, Syra, Tine, Andros, Négrepont, Thasos, Stalimène. . . . . . . . | Turquie. |

# ASIE.

## COUP D'OEIL GÉNÉRAL.

Autant l'Asie surpasse l'Europe et l'Afrique par l'étendue de son territoire, autant elle leur est supérieure par la sérénité de son air, la fécondité de son sol, le goût délicieux de ses fruits, les qualités odorantes et balsamiques de ses plantes, de ses épi- ceries et de ses gommes; les vertus salutaires de ses drogues, le nombre, la variété, l'éclat et la valeur de ses pierres; la richesse de ses métaux, et la beauté de ses soies et de ses cotons. Ce fut en Asie, suivant les saintes Écritures, que le Créateur plaça le

jardin d'Eden, où il forma le premier homme et la première
femme, d'où est sortie la race humaine. l'Asie devint encore la
nourrice du monde après le déluge ; et de là les descendans de
Noé dispersèrent leurs colonies dans toutes les parties du globe.
Là furent fondées les premières églises chrétiennes, et fut pro-
pagée miraculeusement la foi, que féconda même le sang d'un
nombre infini de martyrs. Sur le sol de l'Asie s'élevèrent les premiers édifices, et s'établirent les premiers empires, tandis que
les autres parties du globe n'étaient habitées que par des animaux
féroces. Par toutes ces raisons, elle reclame la supériorité sur le
reste de la terre; mais on doit avouer qu'il est survenu un changement considérable dans la portion nommée aujourd'hui *Turquie d'Asie*, portion qui a perdu beaucoup de son ancienne
splendeur ; et le pays de l'Asie le plus peuplé et le mieux cul-
tivé, est devenu un vaste désert inculte. Les autres parties de
l'Asie se soutiennent dans leur premier état, le sol étant si fé-
cond, que la plupart des habitans sont efféminés et livrés au
luxe. Cet abandon à la mollesse est dû principalement à la chaleur du climat, et est favorisé ensuite par l'habitude et l'éducation ;
les symptômes en sont plus ou moins sensibles, suivant que les
divers peuples sont plus ou moins rapprochés du nord. Aussi les
Tartares, qui vivent à peu près sous la même latitude que nous,
ont-ils autant de courage, de hardiesse, de force et de vigueur
qu'aucune nation de l'Europe. Mais si les Chinois, les Indiens,
les Mogols, et autres habitans des régions méridionales, leur
sont inférieurs du côté de la force du corps, ils en sont en
quelque sorte dédommagés par la vivacité de l'esprit et leur
génie inventif en toutes sortes d'ouvrages, que nous nous sommes en vain efforcés d'imiter avec le secours de nos plus savantes
mécaniques.

Cette vaste étendue de territoire fut successivement gouvernée,
dans les temps passés, par les Assyriens, les Mèdes, les Perses
et les Grecs ; mais les immenses régions de l'Inde et de la Chine
furent peu connues d'Alexandre ou des autres conquérans de
l'antiquité. A la chute de ces empires, une grande partie de l'A-
sie se soumit aux armes romaines : et depuis, dans le moyen
âge, les successeurs de Mahomet, ou, comme on les nomme
communément, les Sarrasins, fondèrent en Asie, en Afrique et
en Europe, un empire plus étendu que celui de Cyrus, d'A-
lexandre, ou même que celui des Romains, lorsqu'il était au
plus haut point de sa puissance. La grandeur des Sarrasins s'éva-
nouit à la mort de Tamerlan, et les Turcs, conquérans de toutes

parts, prirent possession des régions moyennes de l'Asie, dont ils jouissent encore.

~~~~~~~~~~~~~~~~~~~~~~~~~~~~~~~~~~~~~~~~~~~~~~~~

# ASIE.

## GÉOGRAPHIE PHYSIQUE.

### *Situation, limites, étendue.*

L'Asie est située entre l'équateur et le 78° de latitude N., et entre les 24 et 180° de longitude E. Elle est bornée au N. par la mer Glaciale ou l'Océan Glacial Arctique ; à l'O. par les monts Ourals, la rivière du même nom, la mer Caspienne, le Térek, la mer Noire, le détroit de Constantinople, la mer de Marmara, le détroit des Dardarnelles, l'Archipel, la Méditerranée, l'isthme de Suez qui la joint à l'Afrique, et la mer Rouge qui l'en sépare; au S. par l'océan indien ; et à l'E. par le grand océan oriental et le détroit de Bhéring. Elle a environ 2,400 lieues de longueur du S.O. au N.E., et 2,000 lieues de largeur du N. au S.

RÉGIONS, MONTAGNES. — On distingue en Asie *cinq grandes régions* physiques, dans lesquelles la nature a partagé cette partie du monde.

I. La *région septentrionale* ou *glaciale*, comprend la majeure partie des gouvernemens de Tobolsk, de Tomsk et d'Iskoutsk.

II. La *région centrale :* c'est l'immense plateau de la Tartarie, que nous appelons Asie centrale : il s'élève entre les 50 et 40° de latitude N., et s'étend de la mer Caspienne au lac Baïkal, et des sources de l'Indus à la grande muraille de la Chine : il offre une immense étendue de montagnes nues, de rochers énormes et de plaines très-élevées; deux massifs de montagnes paraissent s'élancer au-dessus de cette région déjà si haute, et former le noyau de toutes les grandes chaînes qui parcourent l'Asie. L'un est formé par les montagnes du Thibet, dont les hautes vallées conservent des neiges éternelles, quoique sous le 30° de latitude. On estime leur élévation à près de 3,400 toises. Les chaînes de montagnes nommées *Kentaïssé* et *Himmala* en sortent et courent vers l'Indostan, en s'unissant dans la presqu'ile à la chaîne dite des *Gates*, qui finit au cap Comorin. Le *Mustag* (mont Imaüs)
~~~~~~~~~~~~~~~~~~~~~~~~~~~~~~~~~~~~~~~~~~~~~~~~

des anciens, se dirige de son côté dans la Tartarie, et se lie par les montagnes de la Perse à l'Ararat, au Taurus et au Caucase, noyaux de l'Asie occidentale.

Au N. de ces chaînes de montagnes existe une plaine élevée, peut-être la plus haute région du globe. C'est le vaste désert de *Kobi* ou de *Schamo*. Il n'offre que des lacs salés, et de petites rivières qui se perdent dans un amas de sable et de gravier, et çà et là quelques pâturages ou quelques buissons chétifs. Ce plateau s'étend depuis les sources de l'Indus et du Gange jusqu'au delà de celles du fleuve Amur ou Saghalien, dans une longueur de 25 à 24° de l'équateur, et sur une largeur qui varie de 5 à 10° de latitude N. Le plateau se termine au N. par un autre système de montagnes, dont le plus haut sommet, selon Pallas, s'appelle *Boghdo*. De là, comme d'un centre commun, courent deux chaînes de montagnes, dont l'une s'étend vers le S.E., sous le nom de *Kangai* ou *Changai*, dans la Mongolie, la Tartarie-Chinoise, et se termine vers les mers de Corée et du Japon : c'est plutôt un long plateau qu'une chaîne proprement dite. L'autre branche, l'*Altaï*, se prolonge dans la Sibérie orientale, et est interrompue par de profondes gorges, à travers lesquelles les rivières d'Ob et de Iénisseï descendent vers les plaines de la Sibérie.

III. La *région orientale* de l'Asie se confond insensiblement avec le plateau central : une ceinture de montagnes couvertes en partie de neiges éternelles, s'étend, comme nous l'avons dit plus haut, du plateau de la Mongolie jusqu'en Corée, au N.E., qui est à l'exposition la plus froide possible dans la zone tempérée septentrionale ; ces contrées, connues sous le nom de *Tartarie-Chinoise*, ressemblent à l'Asie septentrionale, quoiqu'elles soient sous les latitudes de France. La masse du froid qui pèse sur la Tartarie, et d'un autre côté la température constante du Grand-Océan, jointe à une exposition directement orientale, donnent à la Chine propre un climat moins chaud que celui de l'Asie méridionale. Ce vaste pays, quoiqu'il dépasse un peu le tropique, et qu'il ne passe guère le 40° degré de latit. N., renferme tous les climats de l'Europe. Cette région embrasse cette prodigieuse chaîne d'îles qui forment l'empire du Japon, s'élèvent à peu de distance du continent, et offrent comme une immense barrière contre laquelle la fureur de l'Océan vient se briser. On pourrait y comprendre les Kourilles, quoiqu'elles appartiennent à la région septentrionale, sous l'empire de la Russie.

IV. La *région occidentale* de l'Asie diffère et se détache plus qu'aucune autre des autres régions, de la masse du continent. La mer Caspienne, la mer Noire, la Méditerrannée, et les golfes Persique et Arabique, donnent à l'Asie occidentale quelques ressemblances avec une grande péninsule. Elle est aussi opposée à la région orientale que celle du sud l'est à celle du nord. La proximité de la brûlante Afrique donne à une grande partie de l'Asie occidentale une température bien plus chaude que celle de l'Asie méridionale.

V. La *région méridionale* de l'Asie ou l'Inde, garantie des vents glacés du nord, par les montagnes du Thibet, s'incline fortement vers les tropiques et l'équateur. Baignée par de nombreux et larges fleuves, son riche sol est toujours échauffé des rayons du soleil, et s'imprègne des exhalaisons d'une mer qui ne gèle jamais l'hiver.

Voici l'enchaînement des Alpes de l'Asie ; c'est le plus vaste système de montagnes qu'on ait reconnu sur le globe. Il n'y a que celui des Cordillières qui peut être l'égale en élévation. Celui des montagnes centrales de l'Afrique semble l'égaler en étendue.

La chaîne des *monts Altaïques* rivalise aussi en étendue avec les Andes. Elle commence au 68<sup>e</sup> degré de longitude E., et ne se termine qu'au 158<sup>e</sup> degré. Elle porte différentes dénominations. On nomme *monts Sayansk* la partie au delà des sources du Iénisseï : *Iablonnoï* celle au N.E. du lac Baïkal, où quelques branches se dirigent vers le N.E. de la Sibérie ; le *Caucase*, chaîne la moins élevée, occupe l'intervalle entre la mer Noire et la mer Caspienne.

MERS.—Les mers de l'Asie sont : au N., la *mer Glaciale*, ou l'Océan Glacial Arctique ; à l'O., la *mer d'Azof*, la *mer Noire*, la *mer de Marmara* ; l'*Archipel*, la *Méditerranée* et la *mer Caspienne* : au S., l'*océan Indien*, et à l'E., l'*océan Pacifique*, qui prend le nom de *mer de la Chine* le long des côtes de la Chine.

GOLFES. — Les principaux golfes de l'Asie sont : le golfe *Persique*, qui fait partie de la mer des Indes ; celui de *Bengale*, qui dépend du même océan ; ceux de *Siam*, de *Tunquin*, qui font partie de l'océan Pacifique, celui de *Wang-hai* qui fait partie de la mer de la Chine, et celui d'*Amur*, qui fait partie de l'océan Oriental, et qu'on appelle souvent la *mer du Kamtchatka*.

DÉTROITS. — Les principaux détroits de l'Asie sont : le détroit du *Nord* ou de *Bhéring*, qui se trouve entre la côte la plus orientale de la Russie d'Asie et la côte la plus occidentale de l'Amérique ; la *Manche de Tartarie*, qui communique de la mer du Japon à celle d'Okhotsk ; le détroit de *Corée*, qui communique à la mer du Japon : celui de *Malaca*, qui se trouve entre la presqu'île orientale de l'Inde et l'île de Sumatra ; et celui de la *Sonde*, qui se trouve entre l'île de *Sumatra* et celle de Java.

FLEUVES. — Les principaux fleuves de l'Asie, qui sortent des montagnes dont nous avons parlé plus haut, sont : au N. l'*Ob*, l'*Iénisseï*, la *Léna* ; à l'E. l'*Amur* ou le *Saghalien*, le *Hoang-ho*, le *Kiang-ho* ; à l'O. l'*Euphrate*, le *Tigre*, et au S. le *Sinde* et le *Gange*. L'Ob ou Oby prend sa source près les monts Altaïques, coule au N., reçoit l'Irtyche près de Tobolsk, et débouche dans la mer Glaciale, après un cours de 780 lieues. — L'Ienisseï naît dans la même contrée, coule du N. au S., et se rend dans la même mer ; on estime la longueur de son cours à 760 lieues. — La Léna commence dans la même contrée, court au N., et se jette dans la même mer par plusieurs embouchures, après un cours de près de 700 lieues. — L'Amur ou le Saghalien prend aussi sa source dans la même contrée, se dirige à l'E., et se rend dans le golfe d'Amur, après un cours de 660 lieues. — Le Hoang-ho naît dans la même contrée, arrose la Chine du N.O. au S.E., et, après un cours de 700 lieues, se jette dans la mer de la Chine. — le Kiang-ho sort de la même contrée, traverse la Chine de l'O. à l'E., et débouche dans la même mer, après un cours de 500 lieues. — L'Euphrate commence dans la Turquie d'Asie, près d'Erzeroum, coule à l'O. du Diarbeck, reçoit le Tigre au-dessus de Bassora, et se jette dans le golfe Persique, au-dessous de cette ville ; son cours est de 440 lieues. — Le Tigre prend sa source dans la même contrée, coule à l'E. du Diarbeck, se joint à l'Euphrate, et parcourt 240 lieues de pays. — Le Sinde naît au N.O. de l'Inde, traverse ce pays, et se rend au S.O. dans la mer des Indes, après un cours de 200 lieues. — Le Gange descend du Thibet, parcourt l'Inde du N. au S.E, et débouche dans le golfe de Bengale, après un cours de 450 lieues.

LACS. — Le plus grand lac de l'Asie et de tout le globe est la *mer Caspienne* (Mare Caspium) : son étendue de 16,800 lieues carrées lui a fait donner le nom de *mer*. La mer Caspienne, est située entre la Tartarie-Indépendante et la Perse. Les Grecs l'appelaient *mer d'Hyrcanie*, les Slaves *Khvalinskoémoré*, à cause d'un peuple Slave nommé *Khvalisse*, qui habitait sur les bouches du Volga: actuellement ce peuple la nomme *mer d'Astra-khan*, les Tartares *Ac-Dinguiss*, c'est-à-dire mer Blanche, et les Persans *Goursen* ou *Coulssoum*. Avant Pierre-le-Grand on ne connaissait pas bien positivement la position ni l'étendue de cette mer, et encore moins la figure de ses côtes ; ce grand souverain en fit faire une carte exacte, d'après différens voyages entrepris par ses ordres à cet effet. On connut alors positivement que cette mer n'était pas ronde comme on se l'imaginait ancien-nement, mais plutôt longue ; qu'elle s'étendait du nord au sud, depuis le 47° jusqu'au 36° de latitude septentrionale, par con-séquent à plus de 250 l., en comptant depuis l'embouchure de l'Oural jusqu'aux côtes de Mazandéran. Les côtes occidentales s'étendent jusqu'au 64°, et les orientales au 75° de longitude orientale. Sa plus grande largeur est de 115 l., et sa moindre, vis-à-vis de la presqu'île d'Apchéronsk, est de 40 l. Actuelle-ment cette mer, de tous côtés entourée par la terre ferme, ne communique avec aucune autre, malgré l'opinion nullement fondée de quelques naturalistes, qui lui supposent des communications souterraines avec la mer Noire. Sa plus grande profondeur est de 70 à 80 toises, et elle est presque partout très-basse auprès de ses bords, au point même que les bâtimens d'une certaine grandeur sont obligés de mouiller à une distance consi-dérable des côtes, excepté pourtant à Bakou et à quelques autres endroits. Sa navigation est dangereuse, à cause des rochers dont ses bords sont couverts, et des vents d'E. et d'O. qui y soufflent presque continuellement, et qui, à cause du peu de largeur de cette mer, deviennent excessivement dangereux, par l'impossi-bilité où l'on est de louvoyer. Son fond, de gravier et de vase, renferme cependant quelques rochers couverts d'eau, et assez dangereux. Son eau, très-salée loin des côtes, est plus amère que celle des autres mers, à cause de la quantité de naphte qui coule de ses bords et sur ses îles. La mer Caspienne peut être considérée comme une source inépuisable de richesses pour la Russie, par l'énorme quantité de poissons qui s'y pêchent, et qui sont préfé-rés par leur qualité, à celui des autres mers qui baignent cet em-pire : il s'en exporte annuellement, ainsi que du caviar, de la colle de poisson, etc., pour plusieurs millions de roubles. On y trouve beaucoup de veaux marins, et les côtes sont couvertes, en tout temps, d'oiseaux aquatiques de différentes espèces, et de variétés encore peu connues en Europe. Les joncs qui couvrent ses bords vers le Térek et Kislar, donnent asile à quantité de sangliers, et on trouve sur les côtes de Mazandéran, une espèce de tortue fort grande, car elle a souvent plus d'une archine de long, sur une demie de large. Les fleuves qui s'y jettent sont le *Volga*, le *Coucha*, le *Téreck*, l'*Akssay*, l'*Agrakhan*, le *Samour*, le *Nizabat*, le *Coura*, (anciennement *Cyrus*), l'*Astara*, le *Svidoura*, le *Foussa*, l'*Astrabat*, l'*Emba*, et l'*Oural*, sans compter une quantité de petits fleuves qu'il serait trop long de nommer ici. On remarque en général que tous ces fleuves charriant beaucoup de sable, en comblent leurs embouchures, qui deviennent chaque année moins profondes et plus difficiles à remonter aux bateaux, au point même que le bélouga a cessé d'entrer dans l'Emba, comme il faisait autrefois pour frayer. L'embouchure de plusieurs fleuves se couvre en même temps de roseaux qui y croissent en si grande quantité, qu'ils la masquent entièrement et en empêchent l'entrée, nommément dans l'Emba, l'Oural, et dans plusieurs bras de Volga. Les bords de cette mer, qui appartiennent à la Russie, s'étendent depuis Bakou, en tirant vers le nord par la côte occidentale, jusqu'à Gourief; et de là descendant vers le sud par la côte orientale, jusqu'au golfe Alexandrofskoy ou d'Alexandre.

Les autres principaux lacs de l'Asie sont : le lac d'*Aral*, de 1,200 lieues carrées, dans la Tartarie-Indépendante; le lac *Baïkal* en Russie; le lac *Asphaltite*, ou mer Morte, dans la Palestine, dont les eaux bitumineuses ont 60 lieues carrées; le *Terkiri*, dans le Thibet, de 500 lieues carrées.

Il existe un grand nombre de lacs qui n'ont point d'écoulement : tels sont le *Czany*, le *Hoho-nor* ou *Kokonor*, de 240 l. carrées, et beaucoup d'autres. Ce phénomène est connu à toutes les parties occidentales et centrales de l'Asie, mais non pas au nord de la Sibérie, ni à la Chine, ni à l'Inde.

## GÉOGRAPHIE POLITIQUE.

**RELIGION.** — Le Mahométisme et le Paganisme sont les religions de l'Asie; on y trouve néanmoins un grand nombre de chrétiens et de juifs.

**POPULATION.** — On l'estime à environ 333 millions d'habitans.

**GOUVERNEMENT.** — La forme du gouvernement qui a généralement lieu dans l'Asie, est la monarchie absolue.

**DIVISION.** — L'Asie contient les parties qui sont marquées dans le tableau suivant :

| PARTIES. | LONGUEUR. | LARGEUR. | CAPITALES. | DISTANCE de PARIS. | Différence de temps du méridien de Paris. | RELIGIONS. |
|---|---|---|---|---|---|---|
| **ASIE SEPT.** | L. | L. | | Lieues. | H. m. s. | |
| Russie d'Asie. . . | 1800 | 800 | Tobolsk. . . . | 1200 N.-E. | 2 10    av. | Ch. Mah. Pay. |
| **ASIE CENT.** | | | | | | |
| Tartarie indép . . | . . . | . . . | Samarkand. . | . . . . . . . | . . . . . . . . . . | Mahom. Pay. |
| Chine. . . . . . . | 550 | 500 | Pékin. . . . . | 1800 S.-E. | 7 30 30 av. | Pay. Ch. Mah. |
| **ASIE MÉR.** | | | | | | |
| Turquie d'Asie. . | 440 | 360 | Smyrne. . . . | 630 S.-E. | 2 10    av. | Mahom. Ch. |
| Arabie . . . . . . | 525 | 470 | La Mekke. . . | 1000 S.-E. | 2 43 20 av. | Mahom. Pay. |
| Perse. . . . . . . | 490 | 350 | Téhéran. . . . | 1110 S.-E. | 3 18    av. | Mah. Ch. Pay |
| Inde en-deça du Gange. . . . . | 650 | 650 | Delhi. . . . . | 1600 S.-E. | 5 2 5 av. | Mah. Pay. Ch |
| Inde au delà du Gange. . . . . | 360 | 360 | Siam . . . . . . | 1000 S.-E. | 6 34    av. | Pay. Mah. Ch. |

L'Asie contient beaucoup d'îles , dont les principales sont marquées dans le tableau suivant :

| SITUATION. | ILES. | Nations auxquelles elles appartiennent , ou avec lesquelles elles commercent. |
|---|---|---|
| | Kourilles. . . . . . . . . | Russie et Japon. |
| | Jéso. . . . . . . . . . . | Japon. |
| | Du Japon. . . . . . . . . | Id. |
| | De Léou-Kiou . . . . . . . | Chine. |
| Dans le Grand-Océan. | Taïouan ou Formose. . . . | Id. |
| | Philippines . . . . . . . . | Espagne. |
| | Mariannes. . . . . . . . . | Id. |
| | Carolines . . . . . . . . . | Id. |
| | Pelew. . . . . . . . . . | . . . . . . . . . |
| | De la Sonde . . . . . . . . | Pays-Bas. |
| | Moluques. . . . . . . . . | Id. |

# AFRIQUE.

## GÉOGRAPHIE PHYSIQUE.

### *Situation, limites.*

L'AFRIQUE. est située entre le 37° de lat. N. et le 34° de lat. S., et entre le 19° de long. O. et le 48° de long. E. Elle est bornée au N. par la Méditerranée; à l'O. et au S. O. par l'Océan Atlantique; au S. E. par l'Océan Indien, et à l'E. par la mer Rouge et l'isthme de Suez. Elle forme une grande presqu'île, qui est coupée vers le milieu par l'équateur.

CLIMAT, SOL. — L'Afrique offre en général le climat de la zone torride : plus des trois quarts de cette partie du monde étant situés entre les tropiques, la grande masse d'air chaud qui se développe au-dessus de ces terres ardentes envahit facilement les lisières septentrionales et australes, situées strictement dans la zone tempérée. Rien en effet ne tempère la chaleur et la sécheresse du climat africain que les pluies annuelles, les brises de mer et l'élévation du sol : or, ces trois circonstances ne se rencontrent au plus haut point sous l'équateur que sous les zones tempérées. Aussi telle partie de l'intérieur de la Guinée ou de la Nigritie, de l'Abyssinie, jouit d'une température beaucoup moins brûlante, moins sèche que les déserts sablonneux au S. du mont Atlas, quoique ceux-ci soient éloignés de 30° de l'équateur.

Nulle part l'empire de la fécondité et celui de la stérilité ne se touchent de plus près qu'en Afrique. Quelques-unes de ses contrées doivent leur fertilité à des montagnes élevées et boisées, qui modèrent les ardeurs et les sécheresses. Plus souvent les terrains fertiles, bordés par de vastes déserts, forment des lisières étroites le long des fleuves ou des rivières, ou des plaines d'alluvion situées à leur embouchure. Ces dernières terres, ordinairement comprises entre deux branches d'un fleuve, se séparant en formant un triangle, ont reçu de cette figure le nom de *Delta*, quatrième lettre de l'alphabet grec, nom particulièrement donné à l'île que le Nil forme dans la Basse-Egypte. Une autre classe de terrains fertiles doit son existence à des sources qui jaillissent çà et là au milieu des déserts. On nomme *Oasis* ces coins fertiles; Strabon en parle.

MONTAGNES. — Quoique l'Afrique possède très-probablement des montagnes qui, sous l'équateur, conservent des neiges éternelles, et qu'on présume être élevées de 16,000 pieds, on peut dire en général que les chaînes africaines sont plus remarquables par leur largeur que par leur hauteur. Si elles arrivent à un niveau très-considérable, c'est en s'élevant lentement de terrasse en terrasse.

Les principales montagnes de l'Afrique sont : le mont *Atlas*, qui sépare la Barbarie Propre du Biledulgérid; les montagnes de *Sierra-Léoné*, qui séparent la Guinée de la Nigritie; celles de la *Lune*, qui occupent le centre de Nigritie; la chaîne de *Lupata* ou l'*Épine du monde*, qui paraît courir du cap Guardafui au cap de Bonne-Espérance, renferme les deux plateaux connus d'Adel et Mocalanga.

MERS, DÉTROITS, GOLFES. — L'Afrique, baignée par les quatre mers qui la bornent, et dont nous venons de parler, a un célèbre détroit, celui de *Bab-el-Mandeb*, qui fait communiquer l'Océan Indien avec la mer Rouge. Le détroit de *Gibraltar*, qui joint la Méditerranée à l'Océan Atlantique, appartient à l'Europe, quoiqu'un côté fasse partie de l'Afrique. Le principal golfe de l'Afrique est celui de *Guinée*.

CAPS. — Les principaux caps de l'Afrique sont : le cap *Bon*, qui en est le point le plus septentrional; le cap *Vert*, qui en est le point le plus occidental : le cap de *Bonne-Espérance*, qui en est le point le plus méridional, et le cap de *Guardefun* ou *Guardafui*, qui en est le point le plus oriental.

DÉSERTS. — L'Afrique a des déserts immenses, dont le principal est celui de *Sahara*, qui s'étend depuis l'Océan Atlantique jusqu'aux frontières de l'Egypte.

FLEUVES. — Les principaux fleuves de l'Afrique sont : le *Nil*, le *Niger*, le *Sénégal*, la *Gambie*, le *Zaïre*, le *Cuama* et le *Manica*. Le Nil prend sa source dans les montagnes de la Lune, traverse la Nubie et l'Egypte, et se jette dans la Méditerranée par plusieurs bouches. — Le Niger naît dans les montagnes de Sierra-Léoné; après un très-long cours, il se perd, à ce qu'on croit, dans le grand lac de Wangara, qui se trouve au centre de la Nigritie. Les habitans de cette contrée prétendent que ces deux fleuves se réunissent, et même qu'ils n'en font qu'un. Le Sénégal et la Gambie sortent des montagnes de Sierra-Léoné, arrosent la Guinée, et se rendent dans l'Océan Atlantique. — Le Zaïre commence dans la Nigritie, arrose le Congo, et se jette dans l'Océan Atlantique. — Le Cuama sort du Monomotapa, et se rend dans le canal de Mosambique : on appelle ainsi le bras de l'Océan Indien, qui se trouve entre une partie de la côte de Zanguebar et le Monomotapa à l'O. , et l'île de Madagascar à l'E. — Le Manica prend sa source dans le Monomotapa, et se jette dans le canal de Mosambique.

Lacs. — On connaît peu les lacs de l'Afrique : le plus connu est celui de *Tzana* ou de *Dembéa*, qui se trouve dans l'Abyssinie. — Le *Wangara*, dans lequel on présume que se perd le Niger, est au centre de cette partie du monde.

### GÉOGRAPHIE POLITIQUE.

POPULATION. — On l'estime à environ 70 millions d'habitans.

HABITANS. — On compte en Afrique trois principales races : les *Maures* en Barbarie ; les *Nègres*, dont la couleur et le caractère sont connus de tout le monde ; les *Cafres* ou *Caffres*, qui occupent toute la côte orientale.

RELIGION. — Le Mahométisme et le Paganisme sont les religions de l'Afrique : on y trouve néanmoins des chrétiens et des juifs.

GOUVERNEMENT. — La forme du gouvernement qui a généralement lieu dans l'Afrique, est la monarchie absolue.

DIVISION. — L'Afrique contient les parties qui sont marquées dans le tableau suivant.

| PARTIES. | LONGUEUR. | LARGEUR. | CAPITALES. | DISTANCE de PARIS. | Différence de temps du méridien de Paris. | RELIGIONS. |
|---|---|---|---|---|---|---|
| AFRIQUE SEPT. | L. | L. | | Lieues. | H. m. s. | |
| Barbarie . . . . . . . . | 800 | 800 | Maroc. . . . . | 580 S.-O. | 2 58 av. | Mahom. et Pay. |
| Egypte . . . . . . . . . | 163 | 84 | Le Caire . . . | 800 S.-E. | 1 56 40 av. | Mah. et Chrét. |
| AFRIQUE CENT. | | | | | | |
| Sahara. . . . . . . . . | . . . | . . . | | . . . . . . . . . | . . . . . . . . . | Mahom. et Pay. |
| Guinée . . . . . . . . . | . . . | . . . | Benin . . . . . | 1060 S.-E. | 18 5 av | Payens. |
| Congo . . . . . . . . . | . . . | . . . | San-Salvador | 1450 S.-E. | 51 10 av. | Payens et Chrét. |
| Nigritie. . . . . . . . | . . . | . . . | . . . . . . . . | . . . . . . . . . | . . . . . . . . . | Mahom. et Pay. |
| Nubie. . . . . . . . . | . . . | . . . | Sennar. . . . . | 905 S.-E. | 2 5 20 av. | Mahométans. |
| Abyssinie. . . . . . . | . . . | . . . | Goudar. . . . | 1100 S.-E. | 2 9 av. | Chrétiens. |
| Côte d'Ajan . . . . . | . . . | . . . | Aucagurel. . . | 1460 S.-E. | 2 30 av. | Mahom. et Pay. |
| Côte de Zanguebar. | . . . | . . . | Mélinde. . . . | 1800 S.-E. | 2 20 av. | Mahom. et Pay. |
| AFRIQUE MÉR. | | | | | | |
| Mataman. . . . . . . . | . . . | . . . | | . . . . . . . . . | . . . . . . . . . | Payens. |
| Monomotapa. . . . . | . . . | . . . | | . . . . . . . . . | 1 50 av. | Payens. |
| Cafrerie. . . . . . . . | . . . | . . . | Cap de B.-Es. | 2400 S.-L. | 1 12 av | Payens. |

L'Afrique contient beaucoup d'îles, dont les principales sont marquées dans le tableau suivant.

| SITUATION. | ILES. | Nations auxquelles elles appartiennent, ou avec lesquelles elles commercent. |
|---|---|---|
| Dans l'océan Indien. | Socotora . . . . . . . . . . . | Toutes les nations. |
| | Comore . . . . . . . . . . . | Id. |
| | Madagascar. . . . . . . . . | Id. |
| | Séchelles . . . . . . . . . . | Angleterre. |
| | Rodrigue . . . . . . . . . . | Id. |
| | De France . . . . . . . . | Id. |
| | Bourbon . . . . . . . . . | France. |
| Dans l'océan Atlantiq. | Madère . . . . . . . . . . . | Angleterre. |
| | Canaries. . . . . . . . . . | Espagne. |
| | Du cap Vert . . . . . . . . | Portugal. |
| | De l'Ascension . . . . . . . | Inhabitée. |
| | Saint-Hélène . . . . . . . . | Angleterre. |
| | Açores . . . . . . . . . . . | Portugal. |

# AMÉRIQUE.

## GÉOGRAPHIE PHYSIQUE.

### *Étendue, situation.*

On ne peut donner avec exactitude l'étendue et la situation de l'Amérique, parce que ses limites septentrionales ne sont pas encore fixées ; si, comme on le présume, le Groënland tient au continent, l'Amérique s'étend de 138 degrés en latitude, et on peut estimer toute sa longueur à 5,000 lieues ; sa plus grande largeur, prise de l'extrémité du promontoire d'Alashka jusqu'à la pointe la plus orientale du Labrador, est d'environ 1,500 lieues. On estime sa largeur moyenne à 500 lieues, tandis que sa plus petite, à travers l'Isthme de Darien, n'est que de 11 lieues. Dans l'Amérique méridionale, la plus grande largeur est de 1,100 lieues, à partir du cap Blanc à l'O., jusqu'au cap Saint-Roque à l'E. Ce nouveau continent est situé entre le 56° de lat. S. et le 80° de latitude N., et entre les 37 et 172° de long. O. Il contient, sans compter les îles, 1,500,000 lieues carrées.

**Nom.** — L'Amérique a reçu son nom d'Améric Vespuce, florentin, qui y fit un voyage en 1499, et qui publia une relation de ce voyage, dans laquelle il prétendit avoir découvert la Terre-Ferme. Il ravit ainsi à Colomb l'honnenr que celui-ci méritait, de donner son nom au nouveau continent.

**Climat, saisons et aspect.** — La variété de climat et de saisons en Amérique est beaucoup plus grande que dans aucune des autres parties du monde. Ce continent s'étend dans la zone torride, dans la tempérée du nord, dans une grande partie de la zone tempérée du sud, et il occupe une portion considérable des zones glaciales. On éprouve dans l'Amérique septentrionale des hivers plus froids et des étés plus chauds qu'en Europe, aux mêmes latitudes, et ils se rapprochent plus de ceux de l'Asie orientale. La température subit aussi des variations extraordinaires. Les régions équatoriales ne ressentent jamais cette chaleur concentrée qui règne dans les mêmes contrées de l'Afrique. Les régions tempérées de l'Amérique méridionale sont sujettes à un plus grand degré de chaleur que celles de l'Amérique septentrionale, correspondantes aux mêmes latitudes. Il en est de même de la côte N.O., qui est plus chaude que celle N.E., dans les mêmes parallèles.

Le niveau du sol de l'Amérique offre, avec l'ancien continent, une différence sensible qui ne consiste pas dans l'élévation plus grande des montagnes : elle provient des plateaux servant de support aux montagnes, et qui sont séparés, en Amérique, des plaines basses par une pente extrêmement courte et rapide.

On donne différens noms aux plaines, savoir : ceux de *Savanes* dans l'Amérique septentrionale; de *llanos* et *pampas* dans l'Amérique méridionale. Cette vaste étendue des plaines américaines donne aux fleuves une longueur immense de cours.

**Montagnes.** — Les principales montagnes de l'Amérique sont les *Cordillières*, ou les *Andes*; elles forment une grande chaîne qui s'étend du N. au S. dans toute la longueur de l'Amérique méridionale. Ces montagnes sont les plus hautes de la terre, et leur sommet est toujours couvert de neige, même dans la partie qui se trouve au milieu de la zone torride. Dans l'Amérique septentrionale, on distingue les monts *Rocheux*, le mont *St-Élie* à l'O., et les *Apalaches* ou *Alleghanys*, au centre : ces derniers sont peu élevés.

**MERS INTÉRIEURES.** — L'océan Atlantique qui baigne l'Amérique à l'O., y forme plusieurs vastes golfes qu'on peut regarder comme des mers intérieures : tels sont ceux du *Mexique*, de *Saint-Laurent*, la baie d'*Hudson*, le détroit de *Davis*; la baie de *Baffin*. Dans le Grand Océan, on remarque le golfe de *Californie*.

**FLEUVES.** — Les principaux fleuves de l'Amérique sont : le fleuve *Saint-Laurent* et le *Mississipi*, qui arrosent l'Amérique septentrionale ; le fleuve des *Amazones*, et celui de *la Plata*, qui traversent l'Amérique méridionale. — Le fleuve St-Laurent sort du lac Ontario, traverse du S.O. au N.E. une partie du Canada, et se jette dans un golfe auquel il donne son nom, et qui fait partie de l'océan Atlantique. — Le lac du Cèdre-Rouge, à 5 lieues au-dessus du petit lac Winipeg, est regardé comme la plus haute source du Mississipi. Ce fleuve reçoit la rivière du *Corbeau*, traverse les Etats-Unis du N. au S., se grossit du *Missouri*, de l'*Illinois* et de l'*Ohio*, et, après un cours de plus de 800 lieues, se rend dans le golfe du Mexique. — Le fleuve des Amazones prend sa source dans les Cordillières, traverse de l'O. à l'E. le pays des Amazones, et, après un cours de plus de 1,000 lieues, se jette dans l'Océan Atlantique. — Le fleuve de la Plata est formé des rivières de *Parana* et d'*Uruguay*, et se rend dans l'océan Atlantique.

**LACS.** — L'Amérique septentrionale a beaucoup de lacs. Les principaux sont : les lacs *Supérieur, Michigan, Huron, Erié* et *Ontario*, qui séparent le Canada des Etats-Unis, et communiquent entre eux par des détroits ou des rivières. Dans l'Amérique méridionale, on remarque ceux de *Maracaïbo* et de *Titicaca*.

### GÉOGRAPHIE POLITIQUE.

**POPULATION.** — M. de Humboldt l'estime à 25 millions et demi d'habitans, dont 15 et demi pour l'Amérique septentrionale, et 20 pour l'Amérique méridionale ; les colonies russes et les indigènes indépendans n'y sont pas compris. D'autres, tel que Morse, la font monter à 55,000,000.

**HABITANS.** — Il y a dans l'Amérique cinq espèces d'habitans, savoir : les *Américains naturels* ; les *Européens d'origine* ; les *Créoles*, qui sont nés d'un Européen et d'une Américaine, ou d'un Américain et d'une Européenne ; les *Nègres*, qui ont été transportés de l'Afrique dans le nouveau continent ; et les *Mu-*

*lâtres*, qui sont nés d'un père blanc et d'une mère noire, ou d'un père noir et d'une mère blanche.

Religion. — Les Européens ont établi le christianisme dans les différentes parties de l'Amérique où ils ont formé des établissemens : il reste néanmoins encore un grand nombre de païens dans le nouveau continent; on y trouve aussi des Juifs.

Gouvernement. — Les Européens ont répandu dans l'Amérique les formes de gouvernement qui ont lieu en Europe : il reste néanmoins encore dans le nouveau continent beaucoup de peuplades qui ont conservé leur indépendance.

Division.—L'Amérique contient les parties qui sont marquées dans le tableau suivant.

## AMÉRIQUE SEPTENTRIONALE.

| PARTIES. | Longueur. | Largeur. | CAPITALES. | Distance de Paris. | Différence de temps du méridien de Paris. | | | SOUVERAINS. |
|---|---|---|---|---|---|---|---|---|
| | L. | L. | | Lieues. | H. | m. | s. | |
| Groënland . . . . . | . . . | . . . | . . . . . . . . | . . . . . . | . . . . . . | | | |
| { Nouvelle-Bretagne | . . . | . . . | . . . . . . . | . . . . . . | . . . . , | | | } |
| { Canada. . . . . . | . . . | . . . | Quebec. . . . | 1,277 O. . | 4 | 56 | ap: | } Anglais. |
| { Nouvelle-Ecosse . | 150 | 100 | Halifax . . . . | 1,660 O. . | 4 | 34 | ap. | } |
| Côte du Nord-Ouest. | . . . | . . . | . . . . . . . | . . . . . . | . . . . . | | | { Russes, Anglais, Espagnols. |
| États-Unis . . . . . | 740 | 520 | Washington . | 1,350 S. O. | 6 | | ap. | République. |
| Floride. . . . . . . | 200 | 140 | Saint-Augustin. | 1,600 S. O. | 5 | 40 | ap | |
| Mexique , ou Nouvelle-Espague . . | 650 | 564 | Mexico . . . . | 2,100 S. O. | 5 | 56 | ap. | Espagnols. |

## AMÉRIQUE MÉRIDIONALE.

| PARTIES. | Longueur. | Largeur. | CAPITALES. | Distance de Paris. | Différence de temps du méridien de Paris. | SOUVERAINS. |
|---|---|---|---|---|---|---|
|  | L | L. |  | Lieues. | H. m. s. |  |
| Nouveau royaume de Grenade. . . . . | 500 | 400 | Carthagène. . | 1,600 S. O. | 5 8 ap. | Espagnols. |
| Péron. . . . . . . . | 500 | 200 | Lima . . . . . | 2,300 S. O. | . . . . . . | Espagnols. |
| Paraguay , ou royaume de la Plata . . | 550 | 400 | Buenos-Ayres. | 2,500 S. O. | . . . . . . | Id. |
| Chili. . . . . . . . | 500 | 150 | Saint-Iago . . | 2,500 S. O. | . . . . . . | Id. |
| Guyane. . . . . . . | 300 | 200 | Cayenne . . . | 1,200 S. O. | 3 40 ap. | Français. |
|  |  |  | Paramaribo. . | 1,300 S. O. | 3 52 ap. | Hollandais. Anglais. |
| Pays des Amazones. | 650 | 400 | . . . . . . . | . . . . . . | . . . . . . | Esp. et Port. |
| Brésil. . . . . . . . | 800 | 500 | Rio-Janeiro. . | 2,000 S. O. | . . . . . . | Portugais. |
| Terre Magellanique. | 460 | 200 | . . . . . . . | . . . . . . | . . . . . . | Améric. sauv. |

L'Amérique contient beaucoup d'îles, dont les principales sont
marquées dans le tableau suivant.

## AMÉRIQUE SEPTENTRIONALE.

| SITUATION. | ILES. | NATIONS auxquelles elles appartiennent. |
|---|---|---|
| Dans l'océan Atlantique. | Terre-Neuve . . . . . . . . . | Angleterre. |
|  | Saint-Jean . . . . . . . . . . | Id. |
|  | Ile-Royale . . . . . . . . . | Id. |
|  | Miquelon. . . . . . . . . . | France. |
|  | Saint-Pierre. . . . . . . . . | Id. |
|  | Bermudes. . . . . . . . . . | Angleterre. |

## SUITE DE L'AMÉRIQUE SEPTENTRIONALE.

| SITUATION. | ILES. | NATIONS auxquelles elles appartiennent. |
|---|---|---|
| Antilles. Dans le golfe du Mexique. | Lucayes | Angleterre. |
| | Cuba | Espagne. |
| | La Jamaïque | Angleterre. |
| | Saint-Domingue | Indépendante. |
| | Porto-Rico | Espagne. |
| | Saint-Thomas | Danemarck. |
| | Saint-Jean | Id. |
| | Sainte-Croix | Id. |
| | Les Vierges | Angleterre. |
| | L'Anguille | Id. |
| | Saint-Martin | France, Pays-Bas. |
| | Saint-Barthélemy | Suède. |
| | La Barboude | Angleterre. |
| | Saba | Pays-Bas. |
| | Saint-Eustache | Id. |
| | Saint-Christophe | Angleterre. |
| | Nevis | Id. |
| | Antigoa | Id. |
| | Montserrat | Id. |
| | La Guadeloupe | France. |
| | La Désirade | Id. |
| | Marie-Galante | Id. |
| | Les Saintes | Id. |
| | La Dominique | Angleterre. |
| | La Martinique | France. |
| | Sainte-Lucie | Angleterre. |
| | Saint-Vincent | Id. |
| | La Barbade | Id. |
| | La Grenade | Id. |
| | Tabago | Id. |
| | La Trinité | Id. |
| | La Marguerite | Espagne. |
| | Curaçao | Pays-Bas. |

## AMÉRIQUE MÉRIDIONALE.

| SITUATION. | ILES. | NATIONS auxquelles elles appartiennent. |
|---|---|---|
| Dans l'océan Atlantique. | Fernando-de-Noronha | Portugal. |
| | Malouines *ou* Falkland | Espagne. |
| | Terre de Feu | Américains sauvag. |
| | Terre des États | Id. |
| | Ile Géorgie | Inhabitée. |
| | Terre de Sandwich | Id. |
| Dans l'Océan Pacifique. | Iles Gallapagos | Id. |
| | Saint-Ambroise | Id. |
| | Saint-Félix | Id. |
| | De Juan-Fernandez | Id. |

# NOUVELLES DÉCOUVERTES.

Les principales découvertes qui ont été faites dans ces derniers temps, par des navigateurs de différentes nations, sont marquées dans le tableau suivant.

| SITUATION. | DÉCOUVERTES. |
|---|---|
| Dans le grand océan Boréal. | Iles de Sandwich. |
| | Iles Mulgraves. |
| | Nouvelle-Guinée. |
| | Nouvelle-Hollande. |
| | Iles de l'Amirauté. |
| | Nouvelle-Irlande. |
| | Nouvelle-Bretagne. |
| | Louisiade. |
| | Iles de Salomon. |
| | Nouvelles-Hébrides. |
| | Nouvelle-Calédonie. |
| Dans le grand océan Austral. | Nouvelle-Zélande. |
| | Chatam et Bounty. |
| | Iles des Amis. |
| | Fidji. |
| | — des Navigateurs. |
| | — de la Société. |
| | Ile d'Otaïti. |
| | Archipel Dangereux. |
| | — de Roggewin. |
| | Iles Marquises. |
| | Nouvelles Marquises. |

*TABLE des principales Mesures itinéraires, anciennes et modernes.*

## MESURES ANCIENNES, réduites en toises et en mètres.

| | TOISES | MÈTRES |
|---|---|---|
| Mille romain, cité par Pline. | 757,5 | 1476,4 |
| Mille de Strabon, suivant Cassini | 766 | 1493 |
| Stade égyptien, suivant Fréret et Leroy, de 500 au deg. | 114,1 | 222,2 |
| Le même, suivant M. Nouet, de l'expédition d'Egypte. | 118,5 | 230,7 |
| Stade des anciens romains, de 625 pieds romains | 94,7 | 184,6 |
| Stade olympique estimé la huitième partie du mille romain. | | |
| Stade de Ptolémée de 600 au degré | 81,4 | 158,7 |
| Stade égal au dixième du mille romain. | 75,7 | 147,6 |
| Stade de 1100 au degré. | 51,8 | 101 |
| Schœne égyptien, estimé à milles romains. , | 3030 | 5905 |
| Rast des Germains, de deux lieues gauloises | | |
| Parasanges de Perse. | 2272,4 | 4429,2 |
| Agash des Turcs. | | |
| Toutes ces mesures, évaluées à 3 milles romains, sont de 25 au degré. | | |
| Lieues des Germains ou de Scandinavie, de 2 rats. | 4545 | 8858,4 |
| Lieue gauloise. | | |
| Grand mille arabique du temps des Croisades, d'un mille romain et demi | 1136 | 2214,5 |

## MESURES NOUVELLES.

| | RAPPORT ITINÉRAIRE. | | |
| --- | --- | --- | --- |
| | AU DEG. | l. de 25 au d. | KILOM. |
| Grand Meile d'Allemagne . . . . . . . . . . | 12 | 2,0833$\frac{2}{3}$ | 9,2708$\frac{1}{3}$ |
| Meile ordinaire ou géographique , *ibid.* . | 15 | 1,$\frac{2}{3}$ | 7,4166$\frac{2}{3}$ |
| Mille légal d'Angleterre . . . . . . . . . | 69,$\frac{1}{4}$ | 0,3616 | 1,6094 |
| Lieue marine , *ibid* . . . . . . . . . . . | 20 | 1,$\frac{1}{4}$ | 5,5625 |
| Meile de Bohême. . . . . . . . . . . . . | 16 | 1,5625 | 6,953 |
| Lieue du Brésil. . . . . . . . . . . . . . | 17 | 1,4706 | 6,0441 |
| Lieue du Canada . . . . . . . . . . . . | 28,54 | 0,8759 | 3,898 |
| Lieue du Carnate ( Indoustan ). . . . . . | 35 | 0,71429 | 3,17857 |
| Li de la Chine. . . . . . . . . . . . . . | 192,4 | 0,1299 | 0,5702 |
| Mile de Danemarck . . . . . . . . . . . | 14,77 | 1,6926 | 7,5321 |
| Meile de Saxe , dite de Dresde . . . . . . | 12,$\frac{1}{3}$ | 2,027 | 9,002 |
| Legua Nueva d'Espagne . . . . . . . . . | 16,$\frac{2}{3}$ | 1,$\frac{1}{2}$ | 6,675 |
| *Idem* , dite Horaria , *ibid* . . . . . . . | 20 | 1,$\frac{1}{4}$ | 5,5625 |
| Lieue de poste ( de 2,000 toises ) de France | 28,54 | 0,8759 | 3,898 |
| Lieue géographique ou ordinaire , *ibid* . | 25 | 1 | 4,45 |
| Lieue marine , *ibid* . . . . . . . . . . . | 20 | 1,$\frac{1}{4}$ | 5,5625 |
| Lieue moyenne , *ibid* . . . . . . . . . . | 22$\frac{1}{4}$ | 1,1236 | 5 |
| Myriamètre, ou grande lieue nouvelle, *ibid* | 11$\frac{1}{4}$ | 2,2472 | 10 |
| Kilomètre, ou petite lieue nouvelle , *ibid*. | 111$\frac{1}{4}$ | 0,2247 | 1 |
| Meile de Hongrie. . . . . . . . . . . . . | 13$\frac{1}{4}$ | 1,875 | 8,34575 |
| Cos ou Coru de l'Indoustan . . . . . . . | 42$\frac{1}{4}$ | 0,5848 | 2,6023 |
| Lega du Bolonais , en Italie . . . . . . . | 58,48 | 0,4275 | 1,9924 |
| *Idem* , du Milanais , *ibid*. . . . . . . . | 67,$\frac{1}{4}$ | 0,3718 | 1,65427 |
| *Idem* , de Naples , *ibid*. . . . . . . . . | 57,71 | 0,4332 | 1,9277 |
| *Idem* , de l'État Romain , *ibid*. . . . . . | 74,7 | 0,3347 | 1,4719 |
| *Idem* , de Toscane , *ibid*. . . . . . . . | 68,$\frac{1}{4}$ | 0,3663 | 1,62967 |
| *Idem* , de l'État Vénitien , *ibid* . . . . . | 60,62 | 0,4124 | 1,8352 |
| Meile de Lithuanie . . . . . . . . . . . | 12,44 | 2,001 | 8,9429 |
| Mile de Norwège. . . . . . . . . . . . . | 10 | 2,$\frac{1}{2}$ | 11,$\frac{1}{8}$ |
| Parasange de Perse . . . . . . . . . . . | 12,$\frac{1}{4}$ | 2 | 8,9 |
| Legua de Portugal. . . . . . . . . . . . | 18 | 1,3889 | 6,18056 |
| Werste ordinaire de Russie. . . . . . . . | 104.$\frac{1}{4}$ | 0,2396 | 1,06714 |
| Meile , dite de Police , de Saxe. . . . . . | 13,29 | 2,0342 | 9,0621 |
| Meile de Silésie. . . . . . . . . . . . . | 17,18 | 1,4552 | 6,47$\frac{5}{8}$ |
| Mile de Suède . . . . . . . . . . . . . | 10,$\frac{2}{3}$ | 2,4038 | 10,6971 |
| Berri de Turquie. . . . . . . . . . . . . | 66.$\frac{2}{3}$ | 0,375 | 1,6587 |

*POSITIONS géographiques, ou Table des latitudes des principaux lieux du Globe, et de leurs longitudes ou différence de méridien par rapport à l'Observatoire de Paris.*

Nota. Les lieux marqués par un astérisque ne se trouvent pas sur le globe de 14 pouces.

| NOMS DES LIEUX. | NOMS DES CONTRÉES. | LATITUDE | LONGITUDE | |
|---|---|---|---|---|
| | | | en degrés. | en temps. |
| **A.** | | | | |
| Abacou (île) pointe N.-E. | Iles Lucayes . . . . | 26°29'52"N. | 79°20'36"O. | 5h17'22" |
| Abo. . . . . . . . . . . . | Russie d'Europe. | 60.27.10.N. | 20. 0. 0 E. | 1.20. 0. |
| Acapulco. . . . . . . . . | Mexique . . . . . | 16.50.19.N. | 102. 9.33 O. | 6.48.38. |
| * Aix. . . . . . . . . . | France . . . . . . | 43.31.48.N. | 3. 6.32.E. | 0.12.26. |
| * Ajaccio. . . . . . . . | Corse . . . . . | 41.55. 1.N. | 6.23.49.E. | 0.25.35. |
| Albermarle(île)pointeN.O. | Grand Océan. . . | 0. 2. 0.N. | 93.50.15.O. | 6.15.21. |
| Alep. . . . . . . . . . | Turquie Asiatique. | 36.11.25.N. | 34.50. 0.E. | 2.19.20. |
| Alexandrette. . . . . . | Idem . . . . . . | 36.35.27.N. | 33.55. 0.E. | 2.15.40. |
| Alexandrie. . . . . . . | Egypte . . . . . | 31.13. 5.N. | 27.35. 0.E. | 1.50.20. |
| Alger (au fanal ). . . . | Barbarie . . . . | 36.48.36.N. | 0.41. 5.E. | 0. 2.44. |
| Amassero. . . . . . . . | Turquie Asiatique | 41.46. 3.N. | 30. 4. 9.E. | 2. 0.16. |
| Amboine. (île). . . . . | Archipel Indien . . | 3.41.41.S. | 125.47. 5.E. | 8.23. 8. |
| Ambrin ( île ) . . . . . | Grand Océan. . . | 16. 9.30.S. | 165.31.21.E. | 11. 2. 5. |
| Amirauté. ( île de l' ). . . | Idem . . . . . . | 2.11.45.S. | 143.51.47.E. | 9.35.27. |
| Amsterdam. . . . . . . | Pays-Bas . . . . . | 52.22.17.N. | 2.33. 0.E. | 0.10.12. |
| Amsterdam. (île) pointe O. | Océan Indien. . . | 37.47.46.S. | 75. 4.56.E. | 5. 0.20. |
| Anachorètes. ( île des). . . | Grand Océan. . . | 1. 0. 0 S. | 143. 4.51.E. | 9.32.19. |
| Ancône. . . . . . . . . . | Italie . . . . . . | 43.37.54.N. | 11. 8 52.E. | 0.44.36. |
| * Aniwa. ( cap. ). . . . . | Ile Sakhalien. . . | 46. 2.20.N. | 141.10. 5.E. | 9.24.40. |
| Annobon. (île) pointe N. . | Océan Atlantique. . | 1.25. 0.S. | 3.25. 0.E. | 0.13.40. |
| Anticosti. ( île ) . . . . . | Canada. . . . . . | 49.26. 0.N. | 65.58.10.O. | 4.23.53. |
| Antigoa. (île) fort Hamilt. | Antilles. . . . . . | 17. 4.30.N. | 64.15. 0.E. | 4.17. 0. |
| Antongil. ( baie d' ) . . . | Madagascar . . . | 15.27.23.S. | 48. 3.15.E. | 3.12.13. |
| Anvers. . . . . . . . . . | Pays-Bas . . . . . | 51.13.16.N. | 2. 3.55.E. | 0. 8.16. |
| Apée. ( île ) pointe N.-O. . | Terre du St.-Esprit | 16.47.30.S. | 165.46.21.E. | 11. 3. 5. |
| Apuré. (bouche de la riv). | Terre Ferme . . . . | 7.36.23.N. | 69. 7.30.O. | 4.36.30. |
| Archangel. . . . . . . . | Russie Européenne. | 64.31.40.N. | 38.23.15.E. | 2.33.35. |
| * Arcot. . . . . . . . . . | Inde . . . . . . . | 12.54.14.N. | 77. 1.18.E. | 5. 8. 5. |
| Arnheim. ( cap. ). . . . . | Nouv. Hollande. . . | 12.18. 0.S. | 134.40.15.E. | 8.58.41. |
| Ascension. ( île ). . . . . | Océan Atlantique. . | 7.57. 0.S. | 16.19. 0.O. | 1. 5.16. |
| Asinara. (île) au sommet. . | Sardaigne. . . . . | 41. 5.40.N. | 5.57.19.E. | 0.23.49. |
| Assomption . . . . . . . | Iles Mariannes. . . | 19.45. 0.N. | 143.34.15.E. | 9.34.17. |
| Astrakhan . . . . . . . . | Russie Asiatique . . | 46.21.12.N. | 45.42.30.E. | 3. 2.50. |
| Athènes. . . . . . . . . | Turquie Europ . . | 37.58. 1.N. | 21.25.59.E. | 1.25.44. |
| Atoui (île) Rad. d'Ouimea. | Grand Océan. . . . | 21.57. 0.N. | 161.59.30.O. | 10.47.58. |
| * Atures. . . . . . . . . | Terre-Ferme . . . . | 5.38.34.N. | 70.19.15.O. | 4.41.17. |
| Aurore. ( île ) . . . . . . | Grand Océan. . . . | 15. 8. 0.S. | 165.37.51.E. | 11. 2.31. |
| * Avignon . . . . . . . . | France. . . . . . . | 43.57. 8.N. | 2.28.15.E. | 0. 9.53. |
| * Awatscha. ( baie ). . . . | Kamtschatka. . . . | 52.51.45.N. | 156.26.30.E. | 10.25.46. |
| **B.** | | | | |
| Bagdad. . . . . . . . . . | Turquie Asiatique. | 33.19.40.N. | 42. 4.30.E. | 2.48.18. |
| * Balade. (hav. Bouguioue). | Nouv. Calédonie . . | 20.16.41.S. | 162. 5.17.E. | 10.48.21. |
| Bâle . . . . . . . . . . . | Suisse. . . . . . . | 47.33.34.N. | 5.15.12.E. | 0.21. 1. |
| Bampton. ( récif ). . . . . | Grand Océan. . . . | 19. 0. 0.S. | 156. 1.45.E. | 10.24. 7. |
| * Bangalore . . . . . . . | Inde. . . . . . . . | 12.57.34.N. | 75.12.30.E. | 5. 0.50. |
| Barbade. ( île ) Bridgetown. | Antilles . . . . . . | 13. 5. 0.N. | 62. 0.15.O. | 4. 8. 1. |

| NOMS DES LIEUX. | NOMS DES CONTRÉES. | LATITUDE | LONGITUDE en degrés. | LONGITUDE en temps. |
|---|---|---|---|---|
| * Barbas. ( cap. ) . . . . . . | Afrique, côte occ. . | 22.15.30.N. | 19° 0′ 0″O. | 1 16′ 0″ |
| Barcelona nueva. . . . . . | Terre-Ferme. . . . | 10. 6.52.N. | 67. 4.45.O. | 4.28.19. |
| Barcelone. (t. de Montjouy) | Espagne.. . . . . . | 41.21.44.N. | 0.10.18.O. | 0. 0.41. |
| Barlingues. ( iles ) Tour de Vigie. . . . . . . . . | Portugal . . . . . | 39.25. 0.N. | 11.51.15.O. | 0.47.25. |
| Bashy. ( iles ) Grafton. . . | Grand Océan. . . . | 21. 4. 0.N. | 118.40. 0.E. | 7.54.40. |
| Bastia . . . . . . . . . | Corse . . . . . . . | 42.41.36.N. | 7. 6.30.E. | 0.28.26. |
| Batavia. . . . . . . . | Java. . . . . . . | 6.12.0 .S. | 104.33.46.E. | 6.58.15. |
| Bayonne . . . . . . . | France . . . . . | 43.29.15.N. | 3.48.41.O. | 0.15.15. |
| Behring. ( ile ). . . . . | Grand Océan. . . . | 55.36. 0.N. | 165.26. 0.E. | 11. 1.44. |
| * Belbeys. . . . . . . . | Égypte . . . . . . | 30.25.36.N. | 29.13.36.E. | 1.56.54. |
| * Benavente . . . . . . | Espagne . . . . . | 41.59 56.N. | 8. 0.43.O. | 0.32. 3. |
| Bençoolen . . . . . . | Sumatra. . . . . | 3.49.16.S. | 99 50.30.E. | 6.39.22. |
| * Bender. . . . . . . . | Russie Europ. . . | 46.50.32.N. | 27.16. 0.E. | 1.49. 4. |
| Berghen . . . . . . . | Norwège . . . . | 60.24. 0.N. | 3. 0.25.E. | 0.12. 2. |
| Berlin . . . . . . . . | Allemagne. . . . | 52.31.45.N. | 11. 2. 0.E. | 0.44. 8. |
| Bermudes . . . . . . . | Océan Atlantique. . | 32.37. 0.N. | 65.48.15.O. | 4.23.13. |
| Berne. . . . . . . . . | Suisse. . . . . . | 46.56.55.N. | 5. 6. 0.E. | 0.20.24. |
| Besançon. . . . . . . | France . . . . . | 47.13.45.N. | 3.42.30.E. | 0.14.50. |
| * Biorneborg. . . . . . | Russie, Europ. . . | 61.29. 3.N. | 19.22.50.E. | 1.17.31. |
| Bojador ( cap. ) . . . . | Afrique, côte occ. . | 26.12.30.N. | 16.47. 0.O. | 1. 7. 8. |
| Bolabola. ( ile ) . . . . | Grand Océan. . . | 16.32.30.S. | 154.11.50.O. | 10.16.47. |
| Bolcheriatzkoi . . . . . | Kamtschatka. . . | 52.54.30.N. | 154.30. 0.E. | 10.18. 0. |
| Bombay . . . . . . , | Indes. . . . . . | 18.56.40.N. | 70.18. 0.E. | 4.41.12. |
| Bonavista. (ile) pointe N. . | Iles du cap Vert . . | 16 .3.40.N. | 25. 5.47.O. | 1.40.23. |
| * Bonifacio. . . . . . . | Corse. . . . . . | 41.23.10.N. | 6.49. 1.E. | 0.27.16. |
| Bordeaux. . . . . . . | France . . . . . | 44.50.14.N. | 2.54.14.O. | 0.11.37. |
| Boston . . . . . . . . | Etats-Unis . . . | 42.22.11.N. | 73.19. 0.O. | 4.53.16. |
| Botany-Bay. . . . . . | Nouv. Hollande. . | 34. 6. 0.S. | 148.54.15.E. | 9.55.37. |
| Bourbon (ile) St.-Denis . | Océan Indien. . . | 20.51.43.S. | 53.10. 0.E. | 3.32.40. |
| Bourgas . . . . . . . | Turquie Europ. . | 40.14.30.N. | 24. 6.52.E. | 1.36.27. |
| Poutin. (pointe ). . . . | Ile Sakhalien. . . | 51.52. 0.N. | 139.28. 0.E. | 9.17.52. |
| Bremen. . . . . . . . | Allemagne . . . | 53. 4.38.N. | 6.27.45.E. | 0.25.51. |
| Breslau. . . . . . . . | Idem . . . . . . | 51. 6.30.N. | 14.42. 3.E. | 0.58.48. |
| Brest. . . . . . . . . | France . . . . | 48.23.14.N. | 6.49. 0.O. | 0.27.16. |
| * Bristol. . . . . . . . | Angleterre . . . | 51.27. 6.N. | 4.55.44.O. | 0.19.43. |
| * Brünn . . . . . . . . | Allemagne . . . | 49.11.28.N. | 14.15. 6.E. | 0.57. 0. |
| Bruxelles. . . . . . . | Pays-Bas. . . . | 50.50.59.N. | 2. 2. 0.E. | 0. 8. 8. |
| Bude. . . . . . . . . | Hongrie. . . . . | 47.29.44.N. | 16.42.15.E. | 1. 6.49. |
| Buenos-Aires. . . . . | Paraguay. . . . | 34.35.26.S. | 60.51.15.O. | 4. 3.25. |
| Buffon. ( cap ) . . . . . | Nouv. Hollande. . | 37.36. 0.S. | 137.49.45.E. | 9.11.19. |
| Bukarest. . . . . . . | Valaquie . . . . | 44.26.45.N. | 23.48. 0.E. | 1.35.12. |
| Burgos. . . . . , . . , | Espagne. . . . . | 42.20.59.N. | 5. 0.30.O. | 0.20. 2. |
| Button. ( ile ) . . . . . | Détroit d'Hudson. | 60.35. 0.N. | 67.40. 0.O. | 4.30.40. |
| C. | | | | |
| * Cabrera ( ile ) milieu. . . | Mer Méditerranée . | 39. 7.30.N. | 0.40. 5.E. | 0. 2.40. |
| Cadix. ( l'Observatoire ). . | Espagne . . . . . | 36.32. 0.N. | 8.37.37.O. | 0.34.31. |
| * Caen. . . . . . . . . | France . . . . . | 49.11.12.N. | 2.41.53.O. | 0.10.48. |
| Caffa ou Kaffa. . . . . . | Crimée. . . . . | 45. 6 30.N. | 32.52.30.E. | 2.21.30. |
| Cagliari . . . . . . . . | Sardaigne. . . . | 39.13. 9.N. | 6.45.30.E. | 0.27. 2. |
| Caire. ( le ). . . . . . . | Égypte. . . . . | 30. 3.20.N. | 28.58. 0.E. | 1.55.52. |
| Cajeli. ( ile Bouro ) . . . | Archipel Indien. . | 3.22.33.S. | 124.42.34.E. | 8.18.30. |
| Calcutta . . . . . . . | Inde. . . . . . | 22.34.45.N. | 86. 9.30.E. | 5.44.38. |
| * Cambridge. . . . . . | Angleterre . . . | 52.12.36.N. | 2.24.30.O. | 0. 9.38. |
| Campêche . . . . . , | Mexique. . . . | 19.50.45.N. | 92.50.45.O. | 6.11.23. |
| Cananore . . . . . . | Indes. . . . . . | 11.51.11.N. | 73.23.29.E. | 4.53.34. |
| Candie. ( la ville ). . . . | Ile Candie . . . | 35.18.45.N. | 22.58. 0.E. | 1.31.52. |

| NOMS DES LIEUX. | NOMS DES CONTRÉES. | LATITUDE | LONGITUDE en degrés. | en temps. |
|---|---|---|---|---|
| Canton. | Chine. | 23° 8' 9".N. | 110°42'30".E. | 7h22'50" |
| Cap-Français ( la ville ). | Saint-Domingue. | 19.46.20.N. | 74.38.10.O. | 4.58.32. |
| Cap de Bonne-Esp.(la ville) | Afrique.(côte S.). | 33.55.15.S. | 16. 3.45.E. | 1. 4.15. |
| Cap-Blanc. | Afrique. (côte O.). | 20.55.30.N. | 19.30. 0.O. | 1.18. 0. |
| Idem. | Terre Magellaniq. | 47.16. 0.S. | 68.19.30.O. | 4.33.18. |
| * Cap-Noir. | Terre de Feu. | 54.31.30.S. | 75.36.29.O. | 5. 2.26. |
| Cap-Nord. (d'Europe). | Laponie. | 71.10. 0.N. | 23.40.30.E. | 1.34.42. |
| Cap-Vert. | Afrique. (côte O). | 14.43.45.N. | 19.50.45.O. | 1.19.23. |
| Capricorne. ( cap ). | Nouv. Hollande. | 23.28.30.S. | 148.54.45.E. | 9.55.39. |
| Caracas (St.-Léon de). | Terre-Ferme. | 10.30.50.N. | 69.25. 0.O. | 4.37.40. |
| Carthagena. | Idem | 10.25.18.N. | 77.50. 0.O. | 5.11.20. |
| Carthagène. | Espagne | 37.35.50.N. | 3.20.36.O. | 0.13.22. |
| * Casbin. | Perse | 36.11. 0.N. | 47.13. 0.E. | 3. 8.52. |
| Cassel | Allemagne | 51.19.20.N. | 7.15. 3.E. | 0.29. 0. |
| * Castries. ( baie de). | Côte de Tartarie. | 51.29. 0.N. | 138.36. 4.E. | 9.14.24. |
| Caxamarca. | Pérou. | 7. 8.38.S. | 80.55.30.O. | 5.23.42. |
| Cayenne. | Guiane | 4.56.15.N. | 54.35. 0.O. | 3.38.20. |
| * Cayes. ( les ) ville | Saint-Domingue. | 18.11.10.N. | 76.10.34.O. | 5. 4.42. |
| Cayques. (Acore du S.-E.). | Canal de Bahama. | 21. 1. 0.N. | 73.57. 0.O. | 4.55.48. |
| Cerigo ( île ) pointe Sud. | Mer Méditerranée. | 36. 6. 0.N. | 20.31.23.E. | 1.22. 5. |
| * Cerigotto. Pointe Sud. | Méditerranée. | 35.49.30.N. | 20.53.45.E. | 1.23.35. |
| Ceuta. (Mont del Acho). | Barbarie | 35.54. 4.N. | 7.36.30.O. | 0.30.26. |
| * Chandernagor | Indes. | 22.51.26.N. | 86. 9.15.E. | 5.44.37. |
| Charkow ou Karkow | Russie Europ. | 49.59.43.N. | 34. 6.17.E. | 2.16.25. |
| Chatam. ( île ) cap Young. | Grand Océan. | 43.48. 0.S. | 179.18.15.O. | 11.57.13. |
| Idem. ( île ) pointe E. | Gallapagos. | 0.46.20.S. | 92.17.15.O. | 6. 9. 9. |
| * Chelidony. ( cap ). | Turquie Asiatique. | 36.13.25.N. | 28. 0.10.E. | 1.52. 1. |
| Cherbourg. | France | 49.38.31.N. | 3.57.18.O. | 0.15.49. |
| Chiloe. (île) à San.-Carlos. | Chili | 41.53. 0.S. | 75.15. 0.O. | 5. 1. 0. |
| Christiania | Norwège | 59.55. 20N. | 8.28.30.E. | 0.33.54. |
| Christiansand. | Idem | 58. 8. 5.N. | 5.42.58.E. | 0.22.52. |
| Christinæstad | Russie Européenne. | 62.16. 9.N. | 18.57.50.E. | 1.15.51. |
| * Clerke ( île ). | Grand Océan. | 63.15. 0.N. | 172. 0. 0.E. | 11.28. 0. |
| * Clermont-Ferrand. | France. | 45.46.44.N. | 0.45. 2.E. | 0. 3. 0. |
| * Cleveland ( cap ). | Nouv. Hollande. | 19.10. 0.S. | 139.39.45.E. | 9.18.39. |
| Cochin. | Indes | 0.56.30.N. | 73.56. 0.E. | 4.55.44. |
| Cocos. ( île des ) milieu. | Mer des Indes. | 12.11. 0.S. | 94. 3. 0.E. | 6.16.12. |
| Codera. (cap). | Terre-Ferme. | 10.35.54.N. | 68.19.30.O. | 4.33.18. |
| Coimbre. | Portugal. | 40.12.30.N. | 10.44.57.O. | 0.42.59. |
| * Colnet (cap). | Nouv. Calédonie. | 20.30. 0.S. | 162.36. 0.E. | 10.50.24. |
| Cologne. | Allemagne | 50.55.21.N. | 4.35. 0.E. | 0.18.20. |
| Columbia (riv.) entrée. | Amériq. côte N.-O. | 46.19. 0.N. | 126.14.15.O. | 8.24.57. |
| Comorin. (cap). | Indes | 7.56. 0.N. | 75.13. 0.E. | 5. 0.48. |
| Conception. ( la ). | Chili | 36.49.10.S. | 75.25. 0.O. | 5. 1.40. |
| Condor. ( île ) | Archipel Indien. | 8.40. 0.N. | 104.11.37.E. | 6.56.46. |
| Constantinop. (Ste.-Soph.( | Turquie Europ. | 41. 1.27.N. | 26.35. 0.E. | 1.46.20. |
| Constance. | Allemagne | 47.36.10.N. | 6.48. 0.E. | 0.27.12. |
| Copenhague | Danemarck. | 55.41. 4.N. | 10.14.51.E. | 0.40.59. |
| Copiapo | Chili | 27.10. 0.S. | 73.25.30.O. | 4.53.42. |
| Cordoue | Espagne | 37.52.13.N. | 7. 6. 8.O. | 0.28.24. |
| * Corientes. (cap) | Cuba | 21.44.30.N. | 86.48.52.O. | 5.47.15. |
| Corientes. (cap) | Mexique. | 20.25.30.N. | 107.55.51.O. | 7.11.43. |
| Cork. | Irlande | 51.53.54.N. | 10.49.15.O. | 0.43.17. |
| * Corvo. (île) pointe S. | Iles Açores. | 39.40.45.N. | 33.23. 0.O. | 2.13.32. |
| Coupang. | Timor | 10. 9.55.S. | 121. 8.13.E. | 8. 4.33. |
| Cracovie. | Gallicie. | 50. 3.38.N. | 17.36.54.E. | 1.10.27. |
| Cumana. | Terre-Ferme. | 10.27.37.N. | 66.30. 0.O. | 4.26. 0. |

| NOMS DES LIEUX. | NOMS DES CONTRÉES. | LATITUDE | LONGITUDE en degrés. | LONGITUDE en temps. |
|---|---|---|---|---|
| **D.** | | | | |
| * Dagelet. (île) | Mer du Japon | 37°22'18"N. | 128°37' 7"E. | 8.34'28" |
| * Damiette | Egypte | 31.25.43.N. | 29.29.15.E. | 1.57 57. |
| Dantzick | Prusse | 54.20.48.N. | 16.17.45.E. | 1. 5.11. |
| Dardanelles. (vieux chât.) | Turquie Asiatique | 40. 9. 8.N. | 23.59.15.E. | 1.35.58 |
| * Darmstadt | Allemagne | 49.56.24.N. | 6.14.34.E. | 0.24.58 |
| Délivrance. (cap de la) | Louisiane | 10.59.20.S. | 152. 6.15.E. | 10. 8.25. |
| Diarbekir | Turquie Asiatique | 37.54. 0.N. | 37.33.30.E. | 2.30.14. |
| Diego Alvares ou Gough(il) | Océan Atlantique | 40.19.30.S. | 12. 1.30.O. | 0.48. 6. |
| Diego-Ramirez. (île) | Amérique mérid | 56.27.30.S. | 70.59.29.O. | 4.43.58. |
| * Diemen. (île de) cap sud | Terre de Diémen | 43.38.30.S. | 144.30.30.E. | 9.38. 2. |
| * Dieppe | France | 49.55.34.N. | 1.15.31.O. | 0. 5. 2. |
| * Dijon | Idem | 47.19.25.N. | 2.41.50.E. | 0.10.47. |
| Dirck Hartoghs | Nouv. Hollande | 25.29.15.S. | 110.40.22.E. | 7.22.41. |
| Diu. (cap) | Indes | 20.42. 0.N. | 68.27. 0.E. | 4.33.48. |
| Dominique. (île) Roseaux | Antilles | 15.18.23.N. | 63.52.30.O. | 4.15.30. |
| Douvres. (le château) | Angleterre | 51. 7.47.N. | 1. 1. 8.O. | 0. 4. 5. |
| Dresde | Allemagne | 51. 2.50.N. | 11.22.46.E. | 0.45.31. |
| * Dromadaire. (Mont) | Nouv. Hollande | 36.16.33.S. | 147.50.55.E. | 9.51.24. |
| Dronthcim | Norwège | 63.25.50.N. | 8. 3.10.E. | 0.32.12. |
| Dublin | Irlande | 53.21.11.N. | 8.39. 0.O. | 0 34.36. |
| Duc d'York. (île du) | Grand Océan | 8.41. 0.S. | 175.43. 0.O. | 11 43. 0. |
| * Dunkerque | France | 51. 2. 9.N. | 0. 2.22.E. | 0. 0. 9. |
| Durango | Mexique | 24.25. 0.N. | 105.55. 0.O. | 7. 3.40. |
| **E.** | | | | |
| Edimbourg | Ecosse | 55.57.57.N. | 5.30.30.O. | 0.22. 2. |
| * Elbingen | Prusse | 54. 8.20.N. | 17. 1.45.E. | 1. 8. 7. |
| * Emden | Allemagne | 53.22. 3.N. | 4.50.46.E. | 0.19.23. |
| * Emeeo (île) | Grand Océan | 17.30. 0.S. | 152.13. 0.O. | 10. 8.52. |
| Enare | Laponie | 68.56.30.N. | 24.55. 0.E. | 1.39.40. |
| Enganno. (cap) | Saint-Domingue | 18.34.42.N. | 70.45.52.O. | 4.43. 3. |
| * Enos | Turquie d'Europe | 40.41.58.N. | 23.38.29.E. | 1.34.34. |
| * Eregri | Turquie Asiatique | 41.17.51.N. | 29. 7. 5.E. | 1.56.28. |
| Erromanga. (île) | Grand Océan | 18.46.30.S. | 166.37.21.E. | 11. 6.39. |
| Erronan. (île) | Idem | 19.34. 0.S. | 167.39.51.E. | 11.10.39. |
| Esné | Egypte | 25.19.39.N. | 30.14. 4.E. | 2. 0.56. |
| * Espérance (cap de l') | Iles Salomon | 9.31.33.S. | 157.21.15.E. | 10.29.25. |
| * Estaing. (baie) | Ile Sakhalien | 48.59.38.N. | 140.11.44.E. | 9.20.47. |
| * Etoile. (île de l') le pic | Grand Océan | 14.29. 0.S. | 165.31.51.E. | 11. 2. 7. |
| Exeter | Angleterre | 50.44. 0.N. | 5.54.45.O. | 0.23.39. |
| **F.** | | | | |
| False-Bay | Afrique | 34.10. 0.S. | 16.12.45.E. | 1. 4.51. |
| Farewel. (cap) | Groenland | 59.42. 0.N. | 47.36.15.O. | 3.10.16. |
| * Faro. (à St.-Ant. de Alto) | Portugal | 36.59.24.N. | 10.11. 3.O. | 0.40.45. |
| Fayal (île) à la Horta | Iles Açores | 38.30.55.N. | 31. 2. 3.O. | 2. 4. 8. |
| Fer. (île de) pointe O. | Iles Canaries | 27.45. 0.N. | 20.30. 0.O. | 1.22. 0. |
| Fernando Noronha. (île) | Océan Atlantique | 3.56.20.S. | 34.58. 0.O. | 2.19.52. |
| Fernando-Po (île) | Idem | 3.28. 0.N. | 6.20. 0.E. | 0.25.20. |
| Ferrol | Espagne | 43.29. 0.N. | 10.35.15.O. | 0.42.21. |
| Fez | Maroc | 34. 6. 3.N. | 7.21.34.O. | 0.29.26. |
| Finisterre. (cap) | Espagne | 42.54. 0.N. | 11.36.15.O. | 0.46.25. |
| Flattery (cap) | Amériq. côte N.-O. | 48.24.30.N. | 126.42.15.O. | 8.26.49. |
| Idem | Nouv. Hollande | 14.56. 0.S. | 143.14.15.E. | 9.32.57. |
| Florence | Italie | 43.46.41.N. | 8.55.30.E. | 0.35.42. |
| Flores. (île) | Iles Açores | 39.33.59.N. | 33.28.30.O. | 2.13.54. |

| NOMS DES LIEUX. | NOMS DES CONTRÉES. | LATITUDE | LONGITUDE en degrés. | en temps. |
|---|---|---|---|---|
| Fortaventure.(il.)pointe O. | Iles Canaries. . . . | 28° 4′ 0″N. | 16°51′30″O. | 1ʰ 7′26″ |
| Foulpointe. . . . . . . . | Madagascar . . . . | 17.40.14.S. | 47.33. 0.E. | 3.10.12. |
| Fourcroy (cap). . . . . . | Nouv. Hollande. . . | 11.58.20.S. | 137.39.40.E. | 8.30.39. |
| * Français. (port des). . . | Amériq. côte N.-O. | 58.36. 0.N. | 139.45.45.O. | 9.23.19. |
| France (ile de) port. . . . | Océan Indien. . . . | 20. 9.45.S. | 55. 8.15.E. | 3.40.33. |
| Francfort-sur-Mein. . . . | Allemagne . . . . | 50. 7.29.N. | 6.15.45.E. | 0.25. 3. |
| * Francfort-sur-Oder . . . | Idem . . . . . . | 52.22. 8.N. | 12.13. 0.E. | 0.48.52. |
| Frio (cap). . . . - . . . | Brésil. . . . . . | 22.54. 0.S. | 43.56.30.O. | 2.55.46. |
| * Fulde. . . . . . . . . | Allemagne . . . . | 50.33.57.N. | 7.23.45.E. | 0.29.35. |

### G.

| NOMS DES LIEUX. | NOMS DES CONTRÉES. | LATITUDE | LONGITUDE en degrés. | en temps. |
|---|---|---|---|---|
| Galega (ile) pointe S. . . | Océan Indien. . . | 10.31. 0.S. | 54.39.45.E. | 3.38.39. |
| Gambier (ile). . . . . . | Grand-Océan. . . . | 23.12. 0.S. | 137.19.15.O. | 9. 9.17. |
| * Gamjam. . . . . . . . | Indes . . . . . . | 19.22.30.N. | 82.58. 0.E. | 5.51.52. |
| * Gand. . . . . . . . . | Pays-Bas. . . . . | 51. 3.21.N. | 1.23.35.E. | 0. 5.34. |
| Gap . . . . . . . . . , | France . . . . . | 44.33.46.N. | 3.44.13.E. | 0.14.57. |
| * Gaspar (ile). . . . . . | Archip. Indien . . | 2.25. 0.S. | 104.47.30.E. | 6.59.10. |
| * Gate (cap de). . . . . | Espagne. . . . . . | 36.44. 0.N. | 4.33. 5.O. | 0.18.12. |
| Geer. (cap). . . . . . . | Afrique, côte occ. | 30.38. 0.N. | 12.12. 0.O. | 0.48.48. |
| Gefle. . . . . . . . . . | Suède. . . . . . | 60.39.45.N. | 14.48.15.E. | 0.59.13. |
| Gènes . . . . . . . . , | Italie . . . . . | 44.25. 0.N. | 6.37.45.E. | 0.26.31. |
| Genève. . . . . . . . . | Suisse. . . . . . | 46.12. 0.N. | 3.49.15.E. | 0.15.17. |
| Géographe (baie du) . . | Nouv. Hollande. . | 33.27.42.S. | 112.39.42.E. | 7.30.39. |
| Géorgie (ile) cap N. . . | Océan Atlantiq. . | 54. 4.45.S. | 40.35. 0.O. | 2.42.20. |
| Gibraltar. . . . . . . . | Espagne. . . . . | 36. 6.30.N. | 7.39.46.O. | 0.30.39. |
| Girgé. . . . . . . . . | Égypte . . . . . | 26.22.20.N. | 29.34.51.E. | 1.58.19. |
| * Girone. (la cathédrale). | Espagne. . . . . | 41.59.21.N. | 0.29.19.E. | 0. 1.57. |
| * Glascow. . . . . . . | Écosse. . . . . | 55.51.31.N. | 6.37. 0.O. | 0.26.28. |
| Glocester. (ile) . . . . | Grand Océan. . . | 19.11. 0.S. | 142.40.15.O. | 9.30.41. |
| Goa . . . . . . , . . | Indes . . . . . . | 15.31. 0.N. | 71.25. 0.E. | 4.45.40. |
| Golowatscheff. (cap) . . | Ile Sakhalien. . . | 53.30.15.N. | 139.34.45.E. | 9.18.19. |
| Gomère. (ile) au port. . | Iles Canaries. . . | 28. 5.40.N. | 19.28. 0.O. | 1.17.52. |
| Gonave (ile) pointe N.-E. | Saint-Domingue . | 18.49.10.N. | 75.21. 7.O. | 5. 1.24. |
| Gorée (ile de). . . . . | Afrique, côte occ. | 14.40.10.N. | 19.45. 0.O. | 1.19. 0. |
| Gothaab. . . . . . . . | Groenland . . . . | 64. 9.55.N. | 54.10. 0.O. | 3.36.40. |
| Gothebourg. . . . . , | Suède. . . , . . | 57.41. 4.N. | 9.37.30.E. | 0.38.30. |
| * Gotto.(iles) extrém.S.O. | Japon. . . . . . | 32.34.50.N. | 126.23.45.E. | 8.25.35. |
| Grafton. (cap). . . . . | Nouv. Hollande. . | 16.53.30.S. | 142.22.30.E. | 9.29.30. |
| * Gregory. (cap). . . . | Amériq. côte N.-O. | 43.26. 0.N. | 126.52.15.O. | 8.27.31. |
| Grenade (au fort). . . . | Antilles. . . . . | 12. 2.54.N. | 64. 8.15.O. | 4.16.33. |
| Grenoble . . . . . . . | France . . . . . | 45.11.43.N. | 3.23.34.E. | 0.13.34. |
| Grodno . . . . . . . . | Russie Europ. . . | 53.40.30.N. | 21.29.30.E. | 1.25.58. |
| Guadalaxara. . . . . . | Mexique. . . . . | 21. 0. 0.N. | 105.22.30.O. | 7. 1.30. |
| * Guadalupe. (ile). . . . | Grand Océan . . . | 28.53. 0.N. | 120.36. 3.O. | 8. 2.24. |
| Guahan. (ile). . . . . . | Iles Mariannes. . | 13.21.30.N. | 141.59.45.E. | 9.27.59. |
| Guanaxuato. . . . . . . | Mexique. . . . . | 21. 0.15.N. | 103.15. 0.O. | 6.53. 0. |
| Guayaquil. (la ville) . . | Pérou. . . . . . | 2.11.21.N. | 82.16.30.O. | 5.29. 6. |

### H.

| NOMS DES LIEUX. | NOMS DES CONTRÉES. | LATITUDE | LONGITUDE en degrés. | en temps. |
|---|---|---|---|---|
| Halifax. . . . . . . . | Acadie . . . . . | 44.44. 0.N. | 65.56. 0.O. | 4.23.44. |
| * Halmstadt. . . . . . | Suède. . . . . . | 56.39.45.N. | 10.31.45.E. | 0.42. 7. |
| Hambourg. . . . . . . | Allemagne . . . . | 53.32.51.N. | 7.38.22.E. | 0.30.33. |
| Hanovre . . . . . . . | Idem . . . . . . | 52.22.25.N. | 7.22.40.E. | 0.29.31. |
| Hatteras. (cap) . . . . | États-Unis . . . | 35.14.30.N. | 77.54.42.O. | 5.11.39. |
| Havane (le Morro) . . . | Cuba . . , . . . | 23. 9.27.N. | 84.43. 8.O. | 5.38.52. |
| * Havre (le). . . . . . | France . . . . . | 49.29.14.N. | 2.13.37.O. | 0. 8.54. |
| * Helgoland. (ile) le fanal . | Allemagne . . . . | 54.11.34.N. | 5.32.58.E. | 0.22.11. |
| * Helsingborg . . . . . | Suède . . . . . | 56. 2.55.N. | 10.23. 0.E. | 0.41.32. |

| NOMS DES LIEUX. | NOMS DES CONTRÉES. | LATITUDE | LONGITUDE en degrés. | en temps. |
|---|---|---|---|---|
| Hernosand. (île) . . . . . | *Suède* . . . . . . . | 62°38′ 0″N. | 15°33′ 0″E. | 1ʰ 2′12 |
| Hervey. (île) . . . . , . . | *Grand Océan* . . . | 19.17. 0.S. | 161. 8. 0.O. | 10.44.32. |
| * Hola . . . . . . . . . | *Islande* . . . . . | 65.44.0 .N. | 22. 4. 0.O. | 1.28.16. |
| Horn. (cap de) . . . . . | *Amérique mérid.* . | 55.58.30.S. | 69.41.29.O. | 4.38.46. |
| Houtmans Abrolhos . . . . | *Nouv. Hollande* . . | 29. 7. 0.S. | 112. 0. 0.E. | 7.28. 0. |
| Howe. (cap.) . . . . . . | *Idem* . . . . . . | 37.40.10.S. | 147.47.15.E. | 9.51. 9. |
| * Huaheine. (île.) . . . . | *Grand Océan* . . . | 16.42.45.S. | 153.30. 0.O. | 10.14. 0. |
| Hyderabad . . . . . . . | *Inde* . . . . . . . | 17.12. 0.N. | 76.30.45.E. | 5. 6. 3 |
| **I.** | | | | |
| Iakoutsk . . . . . . . . | *Russie Asiatique* . . | 62. 1.50.N. | 127.22.15.E. | 8.29.29 |
| Ieniseisk . . . . . . . . | *Idem* . . . . . . | 58.27.17.N. | 89.38.30.E. | 5.58.34. |
| Inspruck . . . . . . . . | *Allemagne* . . . . | 47.16. 8.N. | 9. 3.30.E. | 0.36.14. |
| Irkoutsk . . . . . . . . | *Russie Asiatique* . . | 52.16.41.N. | 101.51.15.E. | 6.47.25. |
| Isabélique. ( pointe) . . . | *Saint-Domingue* . . | 19.58.43.N. | 73.36.30.O. | 4. 4.27. |
| * Ismaïl . . . . . . . . | *Turquie Europ.* . . | 45.21. 0.N. | 26.30. 0.E. | 1.46. 0. |
| Ispahan . . . . . . . . | *Perse* . . . . . . | 32.24.34.N. | 49.30. 0.E. | 3.18. 0. |
| Ivíce. (île) le château . . | *Espagne* . . . . . | 38.53.16.N. | 0.51. 3.O. | 0. 3.24 |
| **J.** | | | | |
| Jackson. (p.) Sidnei-Cove. | *Nouv. Hollande* . . | 33.51. 3.S. | 149.52. 0.E. | 9.59.28. |
| Jaroslawl . . . . . . . . | *Russie Europ.* . . . | 57.37.30.N. | 37.50. 0.E. | 2.31.20. |
| Jassy . . . . . . . . . | *Moldavie* . . . . | 47. 8.30.N. | 25.10. 0.E. | 1.40.40. |
| * Jersey. (île) à St.-Aubin. | *La Manche* . . . . | 49.12.59.N. | 4.30.59.O. | 0.18. 4. |
| Jérusalem . . . . . . . | *Turquie Asiatique.* | 31.47.47.N. | 33. 0. 0.E. | 2.12. 0. |
| Jervis-Bay . . . . . . . | *Nouv. Hollande* . . | 35. 7. 0.S. | 148.36. 5.E. | 9.54.24. |
| Juan-Fernandez. (île) . . . | *Grand Océan* . . . | 33.40. 0.S. | 81.18.30.O. | 5.25.14. |
| **K** | | | | |
| Kalouga . . . . . . . . | *Russie Europ.* . . . | 54.30. 0.N. | 33.45. 0.E. | 2.15. 0. |
| Kalpeny. (île) . . . . . | *Laquedives* · . . . | 10. 4. 0.N. | 71.43. 3.E. | 4.46.52. |
| Kaminick . . . . . . . | *Russie Europ.* . . | 48.40.50.N. | 24.41.15.E. | 1.38.45. |
| Kasan . . . . . . . . . | *Idem* . . . . . . | 55.47.51.N. | 47. 9.45.E. | 3. 8. 3. |
| Kerguelen.(il.)cap George. | *Mer des Indes* . . | 49.54.30.S. | 67.52. 0.E. | 4.31.28. |
| Khersen . . . . . . . . | *Russie Europ.* . . | 46.37.46.N. | 30.18.18.E. | 2. 1.13. |
| * Kiel . . . . . . . . . | *Allemagne* . . . . | 54.19.43.N. | 7.48. 3.E. | 0.31.12. |
| King (île) pointe N. . . . | *Nouv. Hollande* . | 39.35.30.S. | 141.32.45.E. | 9.26.11. |
| Kingston . . . . . . . . | *Jamaïque* . . . . | | 79. 2.30.O. | 5.16.10. |
| Kiev . . . . . . . . . . | *Russie Europ.* . . | 50.27. 0.N. | 28. 7.30.E. | 1.52.30. |
| Kœnigsberg . . . . . . . | *Prusse* . . . . . | 54.42.12.N. | 18. 9. 0.E. | 1.12.36. |
| Kola . . . . . . . . . | *Russie Europ.* . . | 68.52.30.N. | 30.40.30.E. | 2. 2.42. |
| Kostroma . . . . . . . | *Idem* . . . . . . | 57.45.40.N. | 38.52.30.E. | 2.35.30. |
| Krasnoyarsk . . . . . . | *Russie Asiatique* . . | 56. 1. 2.N. | 90. 0.37.E. | 6. 0. 2 |
| Kronstadt . . . . . . . | *Russie Europ.* . . | 59.59.26.N. | 27.29.15.E. | 1.49.57. |
| Kumi . . . . . . . . . | *Grand Océan* . . . | 24.33.13.N. | 126.59.48.E. | 8. 3.58. |
| Koursk . . . . . . . . | *Russie Europ* . . | 51.43.30.N. | 34. 7.30.E. | 2.16.30. |
| **L.** | | | | |
| Lancerotte. (île) pointe E | *Iles Canaries* . . . | 29.14. 0.N. | 15.46. 0.O. | 1. 3. 4. |
| * Land's-End. (à Stone). . | *Angleterre* . . . . | 50. 4. 7.N. | 8. 2.46.O. | 0.31.11. |
| Idem. (baie de). . . . . | *Ile Sakhalien* . . | 48.59. 0.N. | 140.12.49.E. | 9.20.51. |
| Ladakia . . . . . . . . | *Syrie* . . . . . . | 35.32.30.N. | 33.24. 0.E. | 2.13.36. |
| Leeuwin (cap) . . . . . | *Nouv. Hollande.* . . | 34.25.50.S. | 113.15. 0.E. | 7.33. 0. |
| * Leipzig . . . . . . . . | *Allemagne* . . . . | 51.20.16.N. | 10. 1.30.E. | 0.40. 6. |
| * Lézard. (cap) fanal . . . | *Angleterre* . . . . | 49.57.30.N. | 7.31.32.O. | 0.30. 6. |
| * Libau . . . . . . . . | *Courlande* . . . . | 56.31.36.N. | 18.35. 5.E. | 1.14.20. |
| Lima . . . . . . . . . | *Pérou* . . . . . . | 12. 2.34.S. | 79.27.45.O. | 3.17.51. |
| Lintz . . . . . . . . . | *Allemagne* . . . . | 48.18.54.N. | 12.56.30.E. | 0.47.46. |

| NOMS DES LIEUX. | NOMS DES CONTRÉES. | LATITUDE | LONGITUDE en degrés. | en temps. |
|---|---|---|---|---|
| Lisbonne. ( Observatoire. ) | Portugal . . . . . . . | 38°42'24"N. | 11°28'45.O. | 0 45'55" |
| Loheia . . . . . . . . . | Arabie . . . . . . . | 15.42. 8.N. | 39.48.30.E. | 2.39.14. |
| Londres. ( à St.-Paul ) . . . | Angleterre . . . . . | 51.30.49.N. | 2.26. 2.O. | 0. 9.44. |
| Long-Island. . . . . . . . | États-Unis . . . . . | 41. 4.30.N. | 74.12. 5.O. | 4.56.48. |
| Loos ( île de ). . . . . . . . | Afrique, côte occ. . . | 9.27. 0.N. | 15.40. 0.O. | 1. 2.40. |
| Lopatka (cap) . . . . . . . | Kamtschatka. . . . | 51. 0.15.N. | 154.22.30.E. | 10.17.30. |
| * Lord-Howe . . . . . . . | Grand Océan. . . . | 31.30. 0.S. | 156.49.45.E. | 10.27.19. |
| * Lorient. . . . . . . . . . | France . . . . . . . | 47.45.11.N. | 5.41.17.O. | 0.22.45. |
| * Louisbourg. . . . . . . . | Ile Royale. . . . . . | 45.53.40.N. | 62.15. 0.O. | 4. 9. 0. |
| Lubeck . . . . . . . . . . | Allemagne . . . . | 53.51.18.N. | 8.20.37.E. | 0.33.22. |
| * Lubni . . . . . . . . . . | Russie Europ. . . . | 50. 0.37.N. | 30.43.30.E. | 2. 2.54. |
| Luxembourg . . . . . . . . | Pays-Bas. . . . . , | 49.37.38.N. | 3.49.26.E. | 0.15.18. |
| Lyon. . . . . . . . . . . . | France . . . . . . . | 45.45.58.N. | 2.29. 9.E. | 0. 9.57. |
| **M.** | | | | |
| Macao . . . . . . . . . . | Chine . . . . . . . | 22.12.44.N. | 111.15. 0.E. | 7.25. 0. |
| * Macclesfield. (banc). . . | Mer de Chine. . . . | 15.51. 0.N. | 111.58. 0.E. | 7.27.52. |
| * Mâcon. . . . . . . . . . | France . . . . . . . | 46.18.27.N. | 2.29.53.E. | 0.10. 0. |
| Madère. (île) à Funchal . . | Océan Atlantique. . | 32.37.40.N. | 19.16. 0.O. | 1.17. 4. |
| Madras. ( fort St.-George). | Indes . . . . . . . . | 13. 4. 8.N. | 77.56.15.E. | 5.11.45. |
| Madrid. (grande place). . . | Espagne . . . . . . | 40.24.57.N. | 6. 2.30.O. | 0.24.10. |
| * Magdebourg. . . . . . . | Allemagne . . . . . | 52. 8. 4.N. | 9.18.44.E. | 0.37.15. |
| Mahe ou Seichelles. ( île ). | Mer des Indes . . . | 4.38. 0.S. | 53.15. 0.E. | 3.33. 0. |
| * Mahon. (cap de la Mola). | Ile Minorque . . . . | 39.51.10.N. | 2. 5.13.E. | 0. 8.21. |
| Mai. (île) pointe Sud . . . | Iles du cap Vert. . . | 15. 6. 0.N. | 25.30. 0.O. | 1.42. 0. |
| * Maisy. (cap) . . . . . . | Cuba . . . . . . . . | 20.16.40.N. | 76. 28.8.O. | 5. 5.56. |
| Malaca. . . . . . . . . . | Indes . . . . . . . . | 2.10. 0.N. | 99.45. 0.E. | 6.39. 0. |
| Malaga. . . . . . . . . . | Espagne. . . . . . | 36.43.30.N. | 6.45.17.O. | 0.27. 1. |
| Maldives. Extrémité N. . . | Océan Indien. . . . | 7. 5. 0.N. | 70.42.45.E. | 4.42.51. |
| Idem , Extrémité S. . . . . | Idem . . . . . . . . | 0.38. 0.S. | 71. 4.45.E. | 4.44.19. |
| Maldonado. . . . . . . . . | Paraguay. . . . . . | 34.36.19.S. | 57.11.20.O. | 3.48.45. |
| Malespina. (cap). . . . . , | Ile Iesso. . . . . . | 43.42.15.N. | 138.58.45.E. | 9.15.55. |
| Malique ou Minnicoi. (île). | Océan Indien. . . . | 8.45.30.N. | 70.49.15.E. | 4.43.17. |
| Mallicollo. (île) pt. Sandw. | Grand Océan. . . . | 16.25.20.S. | 165.11.51.E. | 11. 0.47. |
| Molonines. (île) port Egm. | Océan Atlantique. . | 51.25. 0.S. | 62.19.30.S. | 4. 9.18. |
| Malte. (île) à la ville. . . . . | Mer Méditerranée . | 35.53.41.N. | 12.10.30.E. | 0.48.42. |
| Manille. . . . . . . . . . | Iles Philippines. . . | 14.36. 0.N. | 118.38. 0.E. | 7.54.32. |
| Marguerite.(île)capMacan. | Golfe du Mexique. | 11. 3.30.N. | 66.47.30.O. | 4.27.10. |
| Marikan. (île ). . . . . . . | Iles Kuriles. . . . . | 46.50. 0.N. | 150.10. 0.E. | 10. 0.40. |
| Marseille. ( Observatoire ). | France . . . . . . . | 43.17.49.N. | 3. 2. 0.E. | 0. 12.8. |
| Martin-Vas. (îlots). . . . | Océan Atlantique. . | 20.30. 0.S. | 30.19.59.O. | 2. 1.20. |
| * Matance. ( le pic ) . . . , | Cuba . . . . . . . . | 23. 1.39.N. | 84. 5.17.O. | 5.36.21. |
| * Matapan. (cap). . . . . . | Turquie Europ. . . | 36.23.20.N. | 20. 9.15.E. | 1.20.37. |
| Maypures. . . . . . . . . | Terre-Ferme. . . . | 5.13.32.N. | 70.37.30.O. | 4.42.30. |
| Melille. . . . . . . . . . | Barbarie . . . . . . | 35.18.15.N. | 5.16.25.O. | 0.21. 6. |
| Memel . . . . . . . . . . | Prusse . . . . . . . | 55.42.15.N. | 18.47.48.E. | 1.15.11. |
| Mendocin. (cap) . . . . . | Amér. côte N.-O. . . | 40.29. 0.N. | 126.49.30.O. | 8.27.18. |
| Merghy. . . . . . . . . . | Indes . . . . . . . . | 12.12. 0.N. | 95.58. 0.E. | 6.23.52. |
| * Metz . . . . . . . . . . | France . . . . . . . | 49. 7.10.N. | 3.50.13.E. | 0.15.21. |
| Mexico. . . . . . . . . . | Mexique . . . . . . | 19.25.45.N. | 101.25.30.O. | 6.45.42. |
| Milan. (à l'Observatoire). . | Italie. . . . . . . . | 45.28. 2.N. | 6.51.16.E. | 0.27.25. |
| * Milo. ( île ) au port . . . | Archipel . . . . . . | 36.42.30.N. | 21.53.17.E. | 1.27.33. |
| Mittaw. . . . . . . . . . | Russie Europ. . . . | 56.39. 6.N. | 21.23.15.E. | 1.25.33. |
| Mogane. (île) pointe N.-E. | Iles Lucayes . . . . | 22.18. 0.N. | 75. 6.15.O. | 5. 0.25. |
| Mohilew. . . . . . . . . . | Russie Europ. . . . | 53.54. 0.N. | 28. 4.30.E. | 1.52.18. |
| Moka. . . . . . . . . . . | Arabie . . . . . . . | 13.16. 0.N. | 40.50. 0.E. | 2.43.20. |
| Môle-Saint-Nicolas . . . . | Saint-Domingue . . | 19.49.20.N. | 75.49.48.O. | 5. 3.19. |
| * Montauban. (Observat.). | France . . . . . . . | 44. 0.55.N. | 0.59.30.O. | 0. 3.58. |

| NOMS DES LIEUX. | NOMS DES CONTRÉES | LATITUDE | LONGITUDE | |
|---|---|---|---|---|
| | | | en degrés. | en temps. |
| Montdilly | Indes | 12° 1'41"N. | 72°52'55"E. | 4'51'31" |
| Monterey | Californie | 36.35.45.N. | 124.11.21.O. | 8.16.45. |
| Montevidéo | Paraguay | 34.54.48.S. | 58.34.45.O. | 3.54.19. |
| Montpellier. (Observat.) | France | 43.36.16.N. | 1.32.30.E. | 0. 6.10. |
| Montserrat. (ile)pte. N.-E. | Antilles | 16.47.35.N. | 64.33.40.O. | 4.18.14. |
| Morant. ( pointe ) | Jamaïque | 17.57.45.N. | 78.35..23O. | 5.14.21. |
| Moreton | Nouv. Hollande | 27. 2. 0.S. | 151. 6.25.E. | 10. 4.25. |
| Mosdok | Russie Europ | 43.43.40.N. | 41.30. 0.E. | 2.46. 0. |
| Moskow | Idem | 55.45.45.N. | 35.12.45.E. | 2.20.51. |
| Mowée. ( ile ) pointe E | Grand Océan | 20.50.30.N. | 158.22.45.O. | 10.33.31. |
| Mulgherry | Indes | 13.39. 7.N. | 75.53. 4.E. | 5. 3.32. |
| Munich | Allemagne | 48. 8.20.N. | 9.14.15.E. | 0.36.57. |
| Munster | Munster | 51.58.10.N. | 5.16. 6.E. | 0.21. 4. |
| Musketo Cove | Groenland | 64.55.13.F. | 55.16.45.O. | 3.41. 7. |
| **N.** | | | | |
| Nangasaki | Japon | 32.45.50.N. | 127.31.52.E. | 8.30. 7. |
| Nankin | Chine | 32. 4.40.N. | 116.27. 0.E. | 7.45.48. |
| Nantes | France | 47.13. 6.N. | 3.52.59.O. | 0.15.32. |
| Naples | Italie | 40.50.15.N. | 11.55.30.E. | 0.47.42. |
| * Narbonne | France | 43.11.22.N. | 0.40. 7.E. | 0. 2.41. |
| Narva | Russie Europ | 59.22.53.N. | 25.54.15.E. | 1.43.37. |
| Negrais. (cap) | Indes | 16. 2. 0.N. | 91.52.45.E. | 6. 7.31. |
| New-York | Etats-Unis | 40.40. 0.N. | 76.28.52.O. | 5. 5.15. |
| * Nice | Italie | 43.41.16.N. | 4.56.22.E. | 0.19.45. |
| Nicolaief | Russie Europ | 46.58.55.N. | 29.40.22.E. | 1.58.42. |
| * Nièves. ( ile ) pointe S. | Antilles | 17. 5.12.N. | 64.53.36.O. | 4.19.34. |
| * Ningpo ou Liampo | Chine | 29.57.45.N. | 117.58. 0.E. | 7.51.52. |
| Niznei-Novogorod | Russie Europ | 56.19.43.N. | 42. 8.15.E. | 2.48.33. |
| Niznei-Oudinsk | Idem | 54.55.22.N. | 96.42.30.E. | 6.26.46. |
| * Noël. ( ile de ) | Grand Océan | 1.57.45.N. | 159.55. 0.O. | 10.39.40. |
| * Noirmoutier. ( ile ) | France | 47. 0. 5.N. | 4.34.22.O. | 0.18.17. |
| Norfolk. ( ile ) | Grand Océan | 29. 1.45.S. | 165.50. 0.E. | 11. 3.20. |
| Norton-Sound | Amériq. côte N.-O. | 64.30.30.N. | 165. 7.45.O. | 11. 0.31. |
| Noto (cap ) | Japon | 37.39.12.N. | 135.14.45.E. | 9. 0.59. |
| Novogorod | Russie Europ | 58.31.32.N. | 28.57. 9.E. | 1.55.45. |
| * Noutka-Sound | Amériq. côte N.-O. | 49.35.15.N. | 128.57. 1.O. | 8.35.48. |
| * Nouveau-Madrid , | Etats-Unis | 36.34.30.N. | 91.47.30.O. | 6. 7.10. |
| Nouvelle-Orléans | Louisiane | 29.57.45.N. | 92.18.45.O. | 6. 9.15. |
| Nouv. Zéelande. (cap N.) | Grand Océan | 34.26. 0.S. | 170.41.15.E. | 11.22.45. |
| Idem. (cap S.) | Idem | 47.19. 0.S. | 164.46. 0.E. | 10.59.12. |
| * Nuremberg | Allemagne | 49.26.55.N. | 8.44. 0.E. | 0.34.43. |
| **O.** | | | | |
| Odessa | Russie Europ | 46.30.22.N. | 28.25. 7.E. | 1.53.40. |
| * Oerebro | Suède | 59.17.12.N. | 12.53. 5.E. | 0.51.32. |
| Oheteroa. ( ile ) | Grand Océan | 22.27. 0.S. | 153. 7. 0.O. | 10.12.28. |
| * Ohevahoa. ( ile ) | Idem | 9.40.40.S. | 141.21.55.O. | 9.25.28. |
| * Ohitahou.(ile)be de la Ré. | Marq. de Mendoz | 9.55.30.S. | 141.28.40.O. | 9.25.55. |
| Okhotsk | Russie Asiatique | 59.20.10.N. | 140.53.30.E. | 9.23.34. |
| Okosir. ( ile ) | Mer de l'Tartarie | 42. 9. 0.N. | 137. 9.45.E. | 9. 8.39. |
| Oland. ( ile ) cap N. | Suède | 57.22.20.N. | 14.46.15.E. | 0.59. 5. |
| Oléron | France | 43.11. 1.N. | 2.56.30.O. | 0.11.46. |
| Olinde | Brésil | 8.13. 0.S. | 37.25.30.O. | 2.29.42. |
| Onyheow.(ile) | Grand Océan | 21.40.30.N. | 162.33.30.O. | 10.50.14. |
| Oparo. (ile) | Idem | 27.35. 0.S. | 146.31.30.O. | 9.46. 6. |
| Oran. (chât. Ste Croix) | Barbarie | 35.44.27.N. | 2.59.39.O. | 0.11.59. |
| Orchilla (ile) | Golfe du Mexique | 11.52. 0.N. | 68.26. 1.O. | 3.33.44. |

| NOMS DES LIEUX. | NOMS DES CONTRÉES | LATITUDE | LONGITUDE en degrés. | LONGITUDE en temps. |
|---|---|---|---|---|
| Orel. . . . . . . . . . | *Russie Europ.* . . . | 52°36′40″N. | 33°37′ 0″E. | 2.14.28 |
| Orenbourg . . . . . . | *Russie Asiatique* . | 51.46. 5.N. | 52.44.30.E. | 3.30.58 |
| Orford. (cap) . . . . . | *Amériq. côte N.-O.* | 42.52. 0.N. | 126.45.15.O. | 8.27. 1. |
| Orléans. . . . . . . . | *France* . . . . . . | 47.54.12.N. | 0.25.34.O. | 0. 1.42. |
| Orskaia . . . . . . . | *Russie Asiatique* . | 51.12.30.N. | 56.10.45.E. | 3.44.43. |
| Ortegal (cap) . . . . . | *Espagne* . . . . . | 43.46.40.N. | 10.14.15.O. | 0.40.57. |
| * Ostaschoff. . . . . . | *Russie Europ.* . . . | 57. 9.40.N. | 30.52. 6.E. | 2. 3.28. |
| * Otchakof. . . . . . . | *Idem* . . . . . . | 46.37.39.N. | 29. 6. 0.E. | 1.56.24. |
| Ounalaschka. (île) . . | *Amér. côte N.-O.* . | 53.51.45.N. | 168. 7. 0.O. | 11.15. 8. |
| Ounomak . . . . . . . | *Idem* . . . . . . | 54.30.30.N. | 169.50. 0.O. | 11.19.21. |
| Owihée. (île) pointe N. . | *Grand Océan.* . . . | 20.17. 0.N. | 158.19. 0.O. | 10.33.16. |
| Oxford. (Observatoire) . . | *Angleterre* . . . . | 51.45.40.N. | 3.35.37.O. | 0.14.22. |

**P.**

| NOMS DES LIEUX. | NOMS DES CONTRÉES | LATITUDE | LONGITUDE en degrés. | LONGITUDE en temps. |
|---|---|---|---|---|
| Palerme . ( Observatoire) . | *Sicile.* . . . . . . | 38. 6.44.N. | 11. 1.45.E. | 0.44. 7. |
| Palliser. (îles) . . .. . | *Grand Océan.* . . . | 15.38.15.S. | 148.49.15.O. | 9.55. 17 |
| * Palme . . . . . . . | *Île Majorque.* . . | 39.34. 4.N. | 0.19. 0.E. | 0. 1.16. |
| Palme. (de) à Tassacorte. | *Îles Canaries.* . . | 28.38. 0.N. | 20.18. 0.O. | 1.21.12. |
| Palmerston. ( île ) . . . | *Grand Océan.* . . . | 18. 0.30.S. | 165.32.15.O. | 11. 2. 9. |
| * Palos (cap) . . . . . | *Espagne* . . . . . | 37.37.15.N. | 3. 1.15.O. | 0.12. 5. |
| * Pamplona. .. . . . . | *Idem* . . . . . . | 42.49.57.N. | 4. 1.30.O. | 0.16. 6. |
| Panama . . . . . . . | *Terre-Ferme.* . . . | 8.58.50.N. | 81.47.30.O. | 5.27.10. |
| Pâques. (île de). . . . | *Grand Océan.* . . . | 27. 8.30.S. | 112.11.30.O. | 7.28.46. |
| Para . . . . . . . . | *Brésil.* . . . . . | 1.28. 0.S. | 51. 0. 0.O. | 3.24. 0. |
| Paris. (Observat. Royal). . | *France* . . . . . . | 48.50.14.N. | 0. 0. 0. | 0. 0. 0. |
| Parme . . . . . . . | *Italie.* . . . . . | 44.48. 1.N. | 8. 6.30.E. | 0.32.26. |
| Patience.(cap) . . . . | *Île Sakhalien.* . . | 48.52. 0.N. | 142.26. 0.E. | 9.29.44. |
| Pékin. (Observat. Impér.). | *Chine.* . . . . . | 39.54.13.N. | 114. 7.30.E. | 7.36.30. |
| Pelew. (îles) à Ouroulong. | *Grand Océan* . . . | 7.18. 0.N. | 132.30. 0.E. | 8.50. 0. |
| Penas. (cap de) . . . . | *Espagne.* . . . . | 43.42.20.N. | 8.17.45.O. | 0.33.11. |
| * Peniscola. . . . . . | *Idem* . . . . . . | 40.22.40.N. | 1.56.45.O. | 0. 7.23. |
| Pensacola . . . . . . | *États-Unis.* . . . | 30.24. 0.N. | 89.31.45.O. | 5.58. 7. |
| * Perekop . . . . . . | *Crimée.* . . . . . | 46. 8.57.N. | 31.21.54.E. | 2. 5.27. |
| Perm. . . . . . . . | *Russie Europ.* . . . | 58. 1.13.N. | 54. 6.10.E. | 3.36.2. |
| Perpignan . . . . . . | *France* . . . . . | 42.42. 3.N. | 0.33.54.E. | 0. 2.15. |
| Pétersbourg . . . . . | *Russie Europ* . . | 59.51.23.N. | 27.58.30.E. | 1.51.54. |
| Philadelphie . . . . . | *États-Unis.* . . . | 39.51.55.N. | 77.31.45.O. | 5.10. 7. |
| Phillip. (port) . . . . | *Nouv. Hollande.* . . | 38.17.30.S. | 142.13.45.E. | 9.28.55. |
| Pic. (île du) au Pic. . . | *Îles Açores* . . . | 38.27. 0.N. | 30.48.30.O. | 2. 3.14. |
| * Pickersgill. ( hàvre ). . | *Nouv. Zélande.* . . | 45.47.27.S. | 163.58. 9.E. | 10.55.53. |
| Pins. (île des) . . . . . | *Nouv. Calédonie* . . | 22.28. 0.S. | 165.17.45.E. | 11. 1.11. |
| Piombino. . . . . . . | *Italie* . . . . . | 42.55.27.N. | 8.10.47.E. | 0.32.43. |
| Pitcairn. (île) . . . . | *Grand-Océan.* . . . | 25.22. 0.S. | 135.41. 0.O. | 9. 2.44. |
| * Pittsburg . . . . s . | *États-Unis.* . . . | 40.26.15.N. | 82.18.30.O. | 5.29.14. |
| Plata. ( la ). . . . . | *Pérou.* . . . . . | 2.23. 0.S. | 78.11.50.O. | 5.12.47. |
| * Plymouth. . . . . . | *Angleterre* . . . . | 50.20.56.N. | 6.29.26.O. | 0.25.58. |
| * Poitiers . . . . . . | *France* . . . . . | 46.35. 0.N. | 1.59.32.O. | 0. 7.58. |
| Polotzk . . . . . . . | *Russie Europ.* . . . | 55.28.56.N. | 26.27.45.E. | 1.45.51. |
| Pondichéry.. . . . . . | *Indes* . . . . . . | 11.55.41.N. | 77.31.30.E. | 5.10. 6. |
| Popayan. . . . . . . | *Terre-Ferme.* . . . | 2.26.18.N. | 79. 0. 9.O. | 5.16. 0. |
| * Popo. (île). . . . . . . , | *Archipel indien.* . . | 1.15.45.S. | 127.21.15.E. | 8.29.25. |
| * Port des Français . . . | *Amériq. côte N.-O.* | 58.36. 0.N. | 139.46. 5.O. | 9.19. 4. |
| *Port-au-Princ.(ft.del'Ilet). | *Saint-Domingue* . | 18.33.42.N. | 74.47.26.O. | 4.59. 9. |
| * Portland , île la plus E. . | *Grand Océan* . . . | 2.36. 0.S. | 147.18.45.E. | 9.49.15. |
| Porto. ( la barre ) . . . . | *Portugal* . . . . . | 41. 8.54.N. | 10.57.33.O. | 0.43.50. |
| * Porto-Bello. . . . . . | *Terre-Ferme.* . . . | 9.33. 9.N. | 81.55.30.O. | 5.27.42. |
| Porto-Rico. (île) la ville. . | *Antilles.* . . . . | 18.29.10.N. | 68.33.30.O. | 4.34.14. |
| Porto-Santo ( île de ). . . | *Océan Atlantique.* . | 33. 5. 0.N. | 18.37.30.O. | 1.14.30. |

| NOMS DES LIEUX. | NOMS DES CONTRÉES. | LATITUDE | LONGITUDE en degrés. | LONGITUDE en temps. |
|---|---|---|---|---|
| Portsmouth. (Académie). | Angleterre | 50°48′ 2″N. | 3°26′16″O. | 0ʰ13′45″ |
| Idem. | Etats-Unis | 43. 4.15.N. | 73. 3.15.O. | 4.52.13. |
| Prague. | Allemagne | 50. 5.19 N. | 12. 5. e.E | 0.48.20. |
| Presbourg | Hongrie | 48. 8. 7.N. | 14.50.30 E. | 0.59.22. |
| Prince. (île du) au port. | Ge. de Guinée | 1.37. 0.N. | 5.30. 0.E. | 0.21.30. |
| Idem. (île) | Java | 6.36.15.S. | 102.55. 0.E. | 6.51.40. |
| Prince Edouard. (îles du). | Mer des Indes | 46.46. 0.S. | 35.34.45.E. | 2.22.19. |
| Providence. (île) Nassau. | Iles Lucayes | 25. 4.33.N. | 79.42.21.O. | 5.18.49. |
| Tylstaart. (île) | Grand Océan | 22.23.30.S. | 178. 9.45.O. | 11.52.39. |
| **Q.** | | | | |
| Québec. | Canada | 46.47.30.N. | 73.30. 0.O. | 4.54. 0. |
| Quelpaert. (île) | Corée | 33. 7.49.N. | 123.58. 43.E. | 8.15.55 |
| Quimper. | France | 47.58.29.N. | 6.26. 0.O. | 0.25.44. |
| Quito. | Pérou | 0.13.17.S. | 81. 5.30.O. | 5.24.22. |
| **R.** | | | | |
| Raoul (îles) pointe N.-O. | Grand Océan | 29.15.45.S. | 179.35.40.E. | 11.58.22. |
| Ratisbonne. | Allemagne | 49. 0.53.N. | 9.46. 0.E. | 0.39. 4. |
| atmanoff. (cap) | Ile Sakhalien | 51. 0.30.N. | 141.22.45.E. | 9.25.31. |
| az-at. (cap). | Barbarie | 33. 4. 0.N. | 19.27.36.E. | 1.17.50. |
| aze. (cap) | Terre-Neuve | 46.40. 0.N. | 55.23.30.O. | 3.41.34. |
| eal-Corona | Terre-Ferme | 8. 0.26.N. | 67. 5.15.O. | 4.28.21. |
| eikianes. (cap). | Islande | 63.55. 0.N. | 25. 7.45.O. | 1.40.31. |
| ennes | France | 48. 6.50.N. | 4. 1. 2 O. | 0.16. 4. |
| evel. | Russie Europ. | 59.26.33.N. | 22.14.54.E. | 1.28.59 |
| Rhé. (île de) au fanal. | France | 46.14.49.N. | 3.53.40.O. | 0.15.35. |
| iga | Russie Europ. | 56.57. 1.N. | 21.47.30.E. | 1.27.10. |
| io-Janeiro. (le château). | Brésil | 22. 5. 0.S. | 45. 5. 0.O. | 3. 0.20. |
| occa Partida. (île). | Grand Océan | 19. 4. 0.N. | 113.20.15.O. | 7.33.45. |
| ochefort | France | 45.56.10.N. | 3.17.49.O. | 0.13.11. |
| Rodosto | Turquie Europ. | 40.58.34.N. | 25. 5.16.E. | 1.40.21. |
| odrigue. (île) | Océan Indien | 19.40.40.N. | 60. 51.30E. | 4. 3.26. |
| oi George. (port du). | Nouv. Hollande | 35. 5.30.S. | 115.54. 0.E. | 7.43.36. |
| omberg. | Côte de Tartarie | 53.26.30.N. | 139.24.22.E. | 9.17.38. |
| ome. (au Collège Romain) | Italie | 41.53.54.N. | 10. 9.32.E. | 0.40.38. |
| Roques (les) le plus N.-O. | Canal de Bahama | 24. 0.52.N. | 82.46.25.O. | 5.31. 5. |
| Rosette. | Egypte | 31.25. 0.N. | 28. 8. 5 E. | 1.52.32. |
| ouen. | France | 49.26.27.N. | 1.14.16.O. | 0. 4.57. |
| **S.** | | | | |
| Saba. (île milieu). | Antilles | 17.39.30.N. | 65.41. 4.O. | 4.22.44. |
| khalien. (île) pointe N. | Mer de Tartarie | 54.24.30.N. | 140.26.15.E. | 9.21.45 |
| Sadras | Indes | 12.31.34.N. | 77.51.16 E | 5.11.25. |
| Antoine. (cap). | Cuba | 21.54. 0.N. | 87.17.30.O. | 5.49.10. |
| em. | Paraguay | 36.52.30.S. | 59. 7.29.O. | 3.56.30. |
| Augustin. (baie). | Madagascar | 23.35.29.S. | 40.49. 0.E. | 2.43.16 |
| S.-Barthélemy. (île). | Antilles | 17.53.30.N. | 65.20.30.O. | 4.21.22. |
| Christophe. (il.) bas. ter. | Idem | 17.19.30.N. | 65. 9.30.O | 4.20.38. |
| Diego | Californie | 32.39.30.N. | 119.37. 3.O. | 7.58.28. |
| Elie. (mont) | Amer. côte N. O. | 60.17.35.N. | 143.11.21.O. | 9.32.45 |
| Esprit.(Tre.du)c.Quiros | Grand Océan | 14.56. 8.S. | 164.38.51.E. | 10.58.35. |
| Eustache (île) à la rade. | Antilles | 17.29. 0.N. | 65.25. 0.O. | 4.21.40 |
| Félix et S.-Ambroise. | Grand Océan | 26.16. 0.S. | 81.36.15.O. | 5.26.25. |
| François. (port) | Amér. côte N.-O. | 37.48.30.N. | 124.28.15.O. | 8.17.53. |
| S.-Gall. (Observ.). | Suisse | 44.25.40 N. | 7. 2. 0.E. | 0.28. 8. |
| S.-George. (île) pte. S.-E. | Iles Açores | 38.30.45.N. | 36.11.45.O. | 2. 0.45 |
| Ines. (cap). | Terre de Feu | 54. 8. 0.S. | 69.17.41 O | 4. 3.11 |

| NOMS DES LIEUX. | NOMS DES CONTRÉES. | LATITUDE | LONGITUDE en degrés. | en temps. |
|---|---|---|---|---|
| * S.-Jean. (île) cap E ... | Antilles ... | 18.20.30.N. | 67. 7.24.O. | 4.28.39 |
| Idem. (fort) ... | Terre-Neuve ... | 47.33.45.N. | 55. 0. 0.O. | 3.40. 0 |
| * Idem. (cap) ... | Île des États ... | 54.50. 0.S. | 66.17.15.O. | 4.25. 9 |
| S.-Lucas. (cap) ... | Californie ... | 22.52.28.N. | 112.10.38.O. | 7.28.42 |
| * S.-Martin. (île) pte N.-O. | Antilles ... | 18. 4.26.N. | 65.34.32.O. | 4.22.18 |
| S.-Michel. (île) pointe O. | Îles Açores ... | 37.54.15.N. | 28.17.17.O. | 1.53. 9 |
| S.-Paul ... | Brésil ... | 23.33.10.S. | 48.59.25.O. | 3.15.57 |
| * S.-Pierre (île) pointe S. | Nouv. Hollande ... | 34.51.10.S. | 131.31.45.E. | 8.46. |
| San-Salvador (île) ... | Îles Lucayes ... | 24. 0. 0.N. | 77.51. 0.O. | 5.11.24 |
| S.-Thomé. (île) à la rade. | Océan Atlantique ... | 0.20. 0.N. | 4.28. 0.E. | 0.17.52 |
| S.-Vincent. (cap) ... | Portugal ... | 37. 2.54.N. | 11.19.51.O. | 0.45.30 |
| S.-Yago. (île) la Praya ... | Îles du cap Vert ... | 14.53.40.N. | 25.51.30.O. | 1.43.26 |
| Ste.-Cather. (île) Ft. Atom. | Brésil ... | 27.21.58.S. | 50.24. 0.O. | 3.21.36 |
| Ste.-Croix. (île) cap Byron. | Grand Océan ... | 10.41. 0.S. | 165.44.30.E. | 10.54.58 |
| Ste.-Croix. (île) au port). | Antilles ... | 17.44. 8.N. | 65. 8.44.O. | 4.38.35 |
| Santo-Domingo ... | Saint-Domingue ... | 18.28.40.N. | 72.19.52.O. | 4.49.19 |
| Santa-Fé ... | Nouveau Mexique ... | 36.12. 0.N. | 107.13. 0.O. | 7. 8.52 |
| Santa-Fé de Bogota ... | Terre-Ferme ... | 4.35.48.N. | 76.34. 8.O. | 5. 6.16 |
| Ste.-Hélène. (île) ... | Océan Atlantique ... | 15.55. 0.S. | 8. 9. 0.O. | 0.32.36 |
| Ste.-Marie. (il.) pointe S.-E. | Îles Açores ... | 36.56.47.N. | 27.38.45.O. | 1.50.35 |
| Santa-Martha ... | Terre-Ferme ... | 11.19.34.N. | 76.28.45.O. | 5. 5.55 |
| *Saintes.(pte N.-W de l'î.O. | Antilles ... | 15.51.25.N. | 64. 1.40.O. | 4.16. 6 |
| Salamanca ... | Mexique ... | 20.40. 0.N. | 103.10. 0.O. | 6.53. 4 |
| Salé ou Rabath ... | Maroc ... | 34. 5. 0.N. | 9. 3. 0.O. | 0.36.12 |
| * Salzano. (cap) ... | Chypre ... | 35.10.45.N. | 29.47.55.E. | 1.59.12 |
| Salonique ... | Turquie Europ. ... | 40.38. 7.N. | 20.35.45.E. | 1.22.23 |
| * Saltzbourg ... | Allemagne ... | 47.48.10.N. | 10.41. 9.E. | 0.42.45 |
| Salvages. (îlots) ... | Océan Atlantique ... | 30. 8.30.N. | 18.15. 0.O. | 1.15. 0 |
| Samana. (cap) ... | Saint-Domingue ... | 19.16.26.N. | 71.33.48.O. | 4.46.15 |
| Sandwich. (terre de) c. M. | Océan Atlantique ... | 58.23. 0.S. | 29. 6. 0.O. | 1.56.24 |
| Idem. Thulé australe ... | Angleterre ... | 59.34. 0.S. | 30. 5. 0.O. | 2. 0.20 |
| Idem. (cap) ... | Nouv. Hollande ... | 18.19. 0.S. | 143.58.45.E. | 9.35.55 |
| Sangaar. (cap) ... | Japon ... | 41.16.32.N. | 137.53.45.E. | 9.11.35 |
| Santander ... | Espagne ... | 43.28.20.N. | 6. 2.15.O. | 0.24. 9 |
| Sapata. (île) pointe E. | Mer de Chine ... | 10. 4.30.N. | 106.53. 0.E. | 7. 7.32 |
| Saratov ... | Russie Europ. ... | 51.31.28.N. | 43.40. 0.E. | 2.54.40 |
| Savannah. (le fanal) ... | États-Unis ... | 32. 0.45.N. | 83.16. 0.O. | 5.33. 4 |
| Savu. (île) pointe N. ... | Archipel indien ... | 10.24.20.S. | 119.26.20.E. | 7.57.45 |
| * Schleswig ... | Danemarck ... | 54.31.27.N. | 7.13.42.E. | 0.28.53 |
| Schulipar ... | Laquedives ... | 9.59. 0.N. | 70.14.33.E. | 4.40.58 |
| Selinginskoi-Ostrog ... | Russie Asiatique ... | 51. 6. 6.N. | 104.18.30.E. | 6.57.14 |
| Seringapatnam ... | Indes ... | 12.25.29.N. | 74.21.37.E. | 4.57.26 |
| Setuval ... | Portugal ... | 38.28.54.N. | 11.13.47.O. | 0.44.55 |
| Siam ... | Indes ... | 14.20.40.N. | 98.30. 0.E. | 6.34. 0 |
| * Siczran ... | Russie Europ. ... | 53. 9.53.N. | 46. 4.45.E. | 3. 4.19 |
| Sines. (le château) ... | Portugal ... | 37.57.30.N. | 11.12.57.O. | 0.44.52 |
| Singanfu ... | Chine ... | 34.16.45.N. | 106.36.45.E. | 7. 6.27 |
| Sinope ... | Turquie Asiatique ... | 42. 2.10.N. | 32.21. 0.E. | 2. 9.24 |
| Siout ... | Égypte ... | 27.13.14.N. | 28.53.17.E. | 1.55.33 |
| Smyrne ... | Turquie Asiatique ... | 38.28. 7.N. | 24.46.33.E. | 1.39. |
| Socoro. (île) milieu ... | Grand Océan ... | 18.45. 0.N. | 113.30.15.O. | 7.30. |
| * Soder-Hamn ... | Suède ... | 61.17.17.N. | 14.45.15.E. | 0.59. |
| Souffre. (île de) ... | Grand Océan ... | 24.18. 0.N. | 139. 0. 0.E. | 9.16. |
| Soulou. (île) à Tulian ... | Archipel Indien ... | 5.57. 0.N. | 118.25.30.E. | 7.55. |
| Sourabaya ... | Java ... | 7.14.23.S. | 110.21.13.E. | 7.21. |
| Souwarow. (îles) ... | Grand Océan ... | 13.13.15.S. | 165.51.19.O. | 11. 3.25 |
| Spartel (cap) ... | Barbarie ... | 37.48.40.N. | 8.13.45.O. | 0.33. |
| [illegible] (cap) ... | Norvège ... | 58.45.30.N. | 3.45.30.E. | 0.14.28 |

| NOMS DES LIEUX. | NOMS DES CONTRÉES. | LATITUDE | LONGITUDE | |
|---|---|---|---|---|
| | | | en degrés. | en temps. |
| Stockholm. | Suède. | 59°20'31"N. | 15°43'15"E. | 1.2.53". |
| Stralsund | Allemagne | 54.19. 0.N. | 11.12. 0.E. | 0.44.48. |
| Strasbourg. | France | 48.34.56.N. | 5.24.36.E. | 0.21.38. |
| Stuttgardt | Allemagne. | 48.46.15.N. | 6.50. 5.E. | 0.27.23. |
| Suez | Egypte | 29.59.10.N. | 30.15. 5.E. | 2. 1. 0. |
| Suffren (baie de ) | Côte de Tartarie. | 47.51. 0.N. | 137.12.42.E. | 9. 8.51. |
| * Sunds-Vall. | Suède | 62.22.30.N. | 14.56.15.E. | 0.59.45. |
| * Surville. ( cap ) | Iles Salomon | 10.59.30.S. | 160. 1.43.E. | 10.40. 7. |
| Syène | Egypte | 24. 5.23.N. | 30.34.19.E. | 2. 2.17. |
| **T.** | | | | |
| Tabago. (île ) pointe O. | Antilles | 11. 6. 0.N. | 63. 9. 0.O. | 4.12.36. |
| Tahoura. (île ) milieu. | Iles Sandwich | 21.38. 0.N. | 162.52.43.O. | 10.51.31. |
| Taiti. (île) ou Otahiti, p.V. | Grand Océan. | 17.29.17.S. | 151.50.30.O. | 10. 7.22. |
| Tambow | Russie Europ. | 52.43.43.N. | 39.25 0.E. | 2.37.40. |
| Tara. | Russie Asiatique | 56.54.31.N. | 71.45 3.E. | 4.47. 0. |
| * Tarragone | Espagne | 41. 8.50.N. | 1. 4.45.O. | 0. 4.19. |
| Tedeles ( cap ). | Barbarie | 36.57. 0.N. | 1.53.48.E. | 0. 7.35. |
| Ténériffe. (île ) le pic. | Iles Canaries | 28.17. 0.N. | 19. 0. 0.O. | 1.16. 0. |
| Tercère. (île) extrêm. Est. | Iles Açores | 40.46. 0.N. | 29.20. 0.O. | 1.56.20. |
| Ternay. ( baie de ) | Côte de Tartarie. | 45.10.32.N. | 134.41. 0.E. | 8.57.44. |
| Terracina. | Italie | 41.18.14.N. | 10.53. 7.E. | 0.43.32. |
| Thèbes. ( ruines de ). | Egypte | 25.43. 0.N. | 30.19. 6.E. | 2. 1.16. |
| Tiburon. ( cap ) | Saint-Domingue | 18.19.25.N. | 76.54.15.O. | 5. 7.37. |
| Tinian. (île). | Grand Océan. | 14.58. 0.N. | 143.31. 0.E. | 9.34. 4. |
| Tionkea. (île). | Idem | 14.30. 0.S. | 147.20.15.O. | 9.49.21. |
| Tobolsk | Russie Asiatique. | 58.11.42.N. | 65.46. 0.E. | 4.23. 4. |
| Tomsk. | Idem | 56.29.38.N. | 82.49.36.E. | 5.31.18. |
| Tongatabou. (île ) Pangh.. | Grand Océan. | 21. 7.33.S. | 177.33.14.O. | 11.50.13. |
| Toobonai ( île ). | Idem | 23.25. 0.S. | 152.23.30.O. | 10. 9.34. |
| Torn.a. | Suède. | 65.50.50.N. | 21.52. 0.E. | 1.27.28. |
| Tortose. (la cathédrale) | Espagne. | 40.48.46.N. | 1.47.15.O. | 0. 7. 9. |
| Tortue. (île) pointe S.-E. | Saint-Domingue | 20. 3.33.N. | 75. 3.10.O. | 5. 0.12. |
| Tortuga. (île) pte. du mil. | G. du Mexique | 10.50. 0.N. | 67.54.28.O. | 4.31.37. |
| * Totma. | Russie Europ. | 60. 8. 0.N. | 40.21. 0.E. | 2. 1.24. |
| Toulon. | France | 43. 7. 9.N. | 3.35.26.E. | 0.14.22. |
| Toulouse. | Idem | 43.35.46.N. | 0.53.45.O. | 0. 3.35. |
| Tours | Idem | 47.23.46.N. | 1.38.37.O. | 0. 6.34. |
| Trebizonde. | Turquie Asiatique. | 41. 2.41.N. | 37. 7.45.E. | 2.28.31. |
| * Tres-Forcas. | Barbarie | 35.27.53.N. | 5.13.15.O. | 0.21. 6. |
| Trieste. | Illyrie. | 45.38. 8.N. | 11.26.53.E. | 0.45.47. |
| Trinité. (île) port d'Espag. | Antilles | 10.38.42.N. | 63.58.15.O. | 4.15.53. |
| Idem. ( île ). | Océan Atlantique. | 20.31. 0.S. | 30.56.59.O. | 2. 3.48. |
| Trinquemalay ou Trinco-nomalie | Ceylan | 8.32. 0.N. | 78.52. 0.E. | 5.15.28. |
| Tripoli. | Syrie | 34.26.24.N. | 33.24. 5.E. | 2.13.36. |
| Idem. | Barbarie | 32.53.40.N. | 11. 1. 7.E. | 0.44. 4. |
| Tristan d'Acugna. (île). | Océan Atlantique. | 37. 5.10.S. | 15. 0.20.O. | 1. 0. 1. |
| Trois-Rois. (île) la plus E. | Nouv. Zéelande. | 34.12.30.S. | 169.49.45.E. | 11.19.19. |
| Troyes. | France | 48.18. 5.N. | 1.44.31.E. | 0. 6.58. |
| Truxillo. | Pérou. | 8. 6. 9.S. | 81.23.37.O. | 5.25.34. |
| * Tsus-Sima (île) pointe N. | Japon | 34.40.30.N. | 127. 6.52.E. | 8.28.27. |
| Tula. | Russie Europ. | 54.11.40.N. | 34.40.51.E. | 2.18.43. |
| Tunis. ( au Fondouc). | Barbarie | 36.47.59.N. | 7.51. 0.E. | 0.31.24. |
| Turin. ( Piazza Castello). | Italie | 45. 4. 6.N. | 5.20. 0.E. | 0.21.20. |
| Twer. | Russie Europ. | 56.51.44.N. | 33.37. N.E. | 2.14.28. |
| Czerkask. | Idem | 47.13.34.S. | 37. 3. 0.E. | 2.28.12. |

| NOMS DES LIEUX. | NOMS DES CONTRÉES. | LATITUDE | LONGITUDE en degrés. | en temps. |
|---|---|---|---|---|
| **U.** | | | | |
| Ufa. . . . . . . . . | Russie Asiatique . . | 54°42'45"N. | 53°33'30"E. | 3.34'14" |
| * Uliete à ( île ) . . . . . . | Grand Océan. . . . | 16.45.35.S. | 153.57. 0.O. | 10.15.48. |
| Umhea. . . . . . . . . . | Suède. . . . . . . . . | 66. 4. 0.N. | 18. 2.15.E. | 1.12. ' |
| Upsal. . . . . . . . . . . | Idem. . . . . . . . | 59.51.50.N. | 15.18.45.E. | 1. 1.15. |
| Urals . . . . . . . . . . | Russie Asiatique. . | 51.11. 0.N. | 49.15.15.E. | 3.17. 1. |
| **V.** | | | | |
| Valdivia . . . . . . . . . | Chili . . . . . . . . | 39.51. 0.S. | 75.46.30.O. | 5. 3. 6. |
| Valence . . . . . . . . . . | Espagne . . . . . . | 39.28.45.N. | 2.43.18.O. | 0.10.53. |
| Valladolid . . . . . . . . | Mexique. . . . . . | 19.42. 0.N. | 103.12.15.O. | 6.52.49. |
| Valparaiso. . ( cap ) . . . | Chili . . . . . . . . | 33. 0.30.S. | 73.58.30.O. | 4.55.54. |
| Van Diemen. ( cap ) . . . | Nouv. Hollande. . | 16.33.10.S. | 137.29.45.E. | 9. 9.5 . |
| Varna. . . . . . . . . . . | Turquie Europ. . . | 43. 6.56.N. | 25.38.52.E. | 1.42.35. |
| Varsovie . . . . . . . . . | Russie Europ. . . | 52.14.28.N. | 18.42.30.E. | 1.14.50. |
| Vaujuas. (pointe de). . . | Manche de Tart. . | 52.12. 0.N. | 139.25. 4.E. | 9.17.40. |
| * Vavao ( île ) . . . . . . | Grand Océan. . . . | 18.33.54.S. | 176.20. 0.O. | 11.45.20. |
| Vendola . . . . . . . . . | Iles de l'Amirauté . | 2.14. 0.S. | 145.49.52.E. | 9.43.19. |
| Venise. ( à S.-Marc ). . . | Italie . . . . . . . . | 45.25.32.N. | 10. 0.44.E. | 0.40. 3. |
| Vera-Cruz . . . . . . . . | Mexique. . . . . . | 19.11.52.N. | 98.29. 0.O. | 6.33.56. |
| * Versailles. . . . . . . . | France. . . . . . . . | 48.48.21.N. | 0.12.53.O. | 0. 0.52. |
| Viborg . . . . . . . . . | Danemarck . . . . . | 56.27.11.N. | 7. 6. 5.E. | 0.28. 24. |
| Vienne. . . . . . . . . . | Allemagne . . . . . | 48.12.40.N. | 14. 2.30.E. | 0.56.10. |
| Vierges (cap des). . . . . | Terre Magellaniq. . | 52.21. 0.S. | 70.37.40.O. | 4.42.31. |
| Vilna. . . . . . . . . . . | Russie Europ. . . . | 54.41. 2.N. | 22.57.45.E. | 1.31.49. |
| Volcan . . . . . . . . . . | Grand Océan. . . . | 10.25.12.S. | 163.28. 6.E. | 10.53.52. |
| * Idem. ( b. du ) port End. | Jesso. . . . . . . . . | 42.33.11.N. | 138.32.32.E. | 9.14.10. |
| Vologda. . . . . . . . . . | Russie Europ. . . . | 59.13.30.N. | 37.51. 0.E. | 2.31.24. |
| * Vona . . . . . . . . . . | Turquie Asiatique . | 41. 7. 0.N. | 35.26.30.E. | 2.21.46. |
| Voronesche. . . . . . . . | Russie Europ. . . . | 51.40.30.N. | 37. 1.15.E. | 2.28. 5. |
| **W.** | | | | |
| Waigiou. ( île ) à Boni. . . | Archipel Indien. . . | 0. 2.30.S. | 128.41.44.E. | 8.34.47. |
| Wallis. ( île ). . . . . . . | Grand Océan. . . . | 13.18. 0.S. | 179.42. 0.O. | 11.58.48. |
| * Warasdin. . . . . . . . | Hongrie. . . . . . . | 46.18.18.N. | 14. 5.51.E. | 0.56.23. |
| Washinghton. . . . . . . | Etats-Unis . . . . . | 38.55. 0.N. | 79.19. 0.O. | 5.17.16. |
| * Watelin.(île)pointe S.-E. | Iles Lucayes . . . . | 23.56.31.N. | 76.57.17.O. | 5. 7.49. |
| Weimar. . . . . . . . . . | Allemagne . . . . . | 50.59.12.N. | 9. 0.45.E. | 0.36. 3. |
| Wesel . . . . . . . . . . | Pays-Bas. . . . . . | 51.39.17.N. | 4.16.53.E. | 0.17. 7. |
| Wessels. (île) pointe S.-O. | Nouv. Hollande . . | 11.45.30.S. | 133.48.25.E. | 8.55.14. |
| Wibourg. . . . . . . . . . | Russie Europ. . . . | 60.42.40.N. | 26.25.50.E. | 1.45.43. |
| Wilson. ( Promont. ). . . | Nouv. Hollande. . . | 39.11.35.S. | 144. 0.45.E. | 9.36. 3. |
| Wisby. . . . . . . . . . . | Suède . . . . . . . . | 57.39.15.N. | 16. 6.15.E. | 1. 4.25. |
| Worcester . . . . . . . . | Angleterre . . . . . | 52. 9.30.N. | 4.20.30.O. | 0.17.22. |
| **Y.** | | | | |
| Yeu ( île d' ). . . . . . . . | France . . . . . . . | 46.42.26.N. | 4.39.50.O. | 0.18.30. |
| * York . . . . . . . . . . | Angleterre. . . , . . | 53.57.45.N. | 3.26.22.O. | 0.13.45. |
| Idem. . . . . . . . . . . | Nouv. Hollande. . | 10.45. 0.S. | 140. 9.45.E. | 9.20.30. |
| **Z.** | | | | |
| Zacatecas. . . . . . . . . | Mexique . . . . . . | 23. 0. 0.N. | 103.55. 0.O. | 6.55.40. |
| Zalappa . . . . . . . . . | Idem . . . . . . . | 19.30. 8.N. | 99.14.54.O. | 6.36.59. |
| Zarizin . . . . . . . . . . | Russie Europ. . . . | 48.42.40.N. | 42. 7.30.E. | 2.48.30. |

# DES CONSTELLATIONS.

Les anciens ont divisé le ciel en 43 constellations, qui renferment 1022 étoiles visibles, et dont les 12 principales composent le zodiaque. Il y en a 23 dans l'hémisphère septentrional, et 15 en comprenant la *chevelure de Bérénice* dans le méridional. Les astronomes modernes en ont depuis ajouté 13 principales vers le pôle arctique, et 20 principales vers le pôle antarctique de sorte que l'on compte présentement 100 constellations.

§. I. *Des 23 constellations de l'hémisphère septentrional.*

1°. *La petite Ourse* renferme 17 étoiles entre lesquelles 2 sont de la 2ᵉ grandeur. Celle de l'épaule marquée β a 9°. 45. ♌ de longitude, et 72°. 48′. de latitude; 222°. 17′. d'ascension droite et 75°. 12° de déclinaison. L'autre à l'extrémité de la queue, nommée présentement *Étoile polaire* et désignée α a 25° 27′. ♊ de long. 66°. 4′. de latitude; 10°. 53′. d'ascension droite, et 88°. 5′. de déclinaison.

Du temps d'Eudoxe et d'Hipparque l'étoile de l'épaule était la plus proche du pôle, n'en étant distante que de 7 à 8°., et celle de la queue était la plus australe étant éloignée du pôle de 12 à 14°. C'est le mouvement propre des astres contre l'ordre des signes qui est la cause de ce changement.

Thalès est le premier qui ait fait remarquer aux Grecs cette constellation qu'il avait nommée *le petit Chien*.

*La grande Ourse* ou le grand chariot est composée de 42 étoiles, dont sept des plus remarquables, savoir: quatre de la 2ᵉ grandeur sur le corps de l'Ourse en forme de quadrilatère, et trois à la queue. La 1ʳᵉ, qui est à la racine de la queue marquée ε et appelée *Alhaiat*, a 5° 36′ ♍ de longitude, 54° 18′ de latitude; 191°. 1′. d'ascension droite, et 57°. 24′. de déclinaison.

La grande et la petite Ourse ont été les nourrices de Jupiter dans l'île de Crête, lorsque Ops, l'élevait à l'insu de Saturne, au son des trompettes des Bacchantes, de peur que les cris de son enfant ne fussent entendus de son père. C'est en récompense de cela que Jupiter les a placées au ciel.

Selon Ovide et Hyginus la grande Ourse était Calisto, fille de

Lycaon et suivante de Diane. Pour avoir consenti sur le mont Nonacre aux désirs infâmes de Jupiter, elle fut changée en ourse par Diane ou par Junon. Lorsqu'elle se vit poursuivie et harcelée par des chasseurs elle se retira dans un temple, ce qui fut encore pour elle un nouveau crime. Elle devait être tuée, si Jupiter, par compassion, ne l'eût transportée dans le ciel. Comme elle est placée dans la partie septentrionale et qu'elle ne se couche jamais, l'on dit que Téthis nourrice de Junon ne voulut jamais la recevoir, de peur de participer à son infamie.

3°. Le *Dragon* a 35 étoiles dont la brillante de la tête de la 5° grandeur marquée *ß* et nommée *Ras Eltanin* a 8°. 41′ ↦ de longitude, ⁻5°. 20′. de latitude; 261°. 18′. d'ascension droite, et 52°. 31′ de déclinaison.

Dans le temps de la guerre des géans, les déesses y prenaient autant de part que les dieux. Minerve se voyant attaquée par un furieux dragon, le prit, et après l'avoir entortillé, le jeta si rudement contre le ciel, qu'il y resta comme on le voit encore entrelassé.

4°. *Céphée* a 24 étoiles, entre lesquelles trois sont des plus brillantes. Celle de l'épaule boréale marquée *α* et appelée en arabe *Aderaimin* a 9°. 56′ ♈ de longitude, 68°. 56′. de latitude; 518°. 15′. d'ascension droite, et 61°. 45′. de déclinaison. Les trois qui suivent celle-ci sont nommées par les Arabes *le Berger*, *le Chien et les Brebis*. Nous parlerons de la fable de cette constellation en donnant celle de Cassiopée.

5°. Le *Bouvier* nommé Arctophylax, garde des ourses, contient 58 étoiles, dont une de la première grandeur nommée *Arcturus* désignée *α*, qui a 21°. 4′. ♎ de longitude, 31°. de latitude; 211°. 22′. d'ascension droite, et 20°. 24′ de déclinaison.

Ce bouvier était fils de Jupiter et de Calisto. Lycaon l'ayant coupé pour le donner à manger à Jupiter son hôte, ce dieu le ressuscita et le plaça parmi les astres, en commisération de ce qu'il devait être tué pour avoir poursuivi jusque dans un temple sa mère cachée sous la forme d'une ourse.

6°. La *couronne septentrionnale* est composée de 18 étoiles dont la brillante, marquée *α* de la 2° grandeur, a 9° 12′ ♏ de long: 44°. 25′. de latitude; 231°35′. d'ascension droite et 27°. 23′. de déclinaison.

Cette couronne est celle que Bacchus donna à Ariadne en l'épousant, et qu'il plaça au ciel après la mort de sa femme.

7°. *Hercule* contient 52 étoiles dont neuf sont de la 3°. grandeur. Celle de la tête, désignée *α* et nommée en arabe *Ras-Al-*

*gethi*, a 12°. 58′. ⇥ de longitude, 37°. 22′. de latitude; 255°. 22′. d'ascension droite et 14°. 41′. de déclinaison.

Il y en a qui prétendent que c'est Thésée, ou Ixion, ou Thamyre rendu aveugle par les muses, et que l'on voit à cause de cela à genoux pour demander grâce.

D'autres disent qu'Hercule revenu d'Espagne fut attaqué dans les Gaules par deux fils de Neptune; qu'après s'être bien défendu et avoir épuisé son carquois de flèches, il eut recours à Jupiter qui fit pleuvoir sur ses ennemis une grêle de pierres. Hercule est aussi représenté à genoux faisant sa prière aux dieux.

8°. La *Lyre* ou le *Vautour tombant* contient 16 étoiles, dont la plus brillante, désignée α et nommée *la claire de la Lyre*, et en arabe *Wega*, a 12°. 6′. ♑ de long, 61°. 47′. de latitude; 277°. 33′. d'ascension droite, et 58°. 55′. de déclinaison.

Selon Ovide, cette lyre est celle d'Orphée, excellent musicien.

Le *Cygne* est composée de 41 étoiles, dont une sur la queue de la 2ᵉ grandeur désignée α et nommée *Deneb Adigege* a 2°. 15′. ♓ de longitude, 59°. 57′. de latitude; 308°. 21′. d'ascension droite, et 44°. 28′. de déclinaison.

En 1600, il parut une étoile de la 3° grandeur sur sa poitrine ayant 55°. 37′. de latitude, et 316°. 18′ de longitude.

C'est de ce signe, dont Jupiter avait pris la figure, que naquirent à Léda, Hélène, Castor et Pollux.

10°. *Cassiopée* contient 32 étoiles, dont cinq de la 3°. grandeur. Celle de sa poitrine, marquée α et nommée en arabe *Schédir*, a 14°. 39′. ♉ de longitude, 46°. 37′. de latitude; 6°. 55′. d'ascension droite, et 55°. 17′. de déclinaison.

En 1572, il parut une nouvelle étoile égale en grandeur à Vénus, qui diminua jusqu'à disparaître en mars de 1574: elle avait dans le commencement 55°. 45′. de latitude, et 56°. 34′. de longitude.

On dit que Cassiopée était mère d'Andromède et femme de Céphée, roi d'Éthiopie. Elle fut enlevée dans le ciel, et couchée honteusement sur une chaise, en dérision de ce qu'elle se piquait de surpasser les nymphes en beauté.

11°. *Persée* est composée de 45 étoiles, dont une brillante de la 2ᵉ grandeur, marquée α à la ceinture et nommée en arabe *El-Genab*, a 28°. 29′. ♉ de longitude, 50°. 5′ de latitude; 46°. 51′. d'ascension droite, et 48°. 54′. de déclinaison.

L'étoile de Méduse, nommée *Algol* et désignée β a 53°. 5′.

de longitude, 22°. 22'. de latitude; 43°. 21'. d'ascension droite, et 40°. 2'. de déclinaison.

Ce Persée était petit-fils d'Acrisius roi d'Argos, et fils de Danaé et de Jupiter. Il fut placé au ciel par la protection de Minerve pour avoir vaincu Méduse, et délivré Andromède de la fureur du monstre marin, auquel Cassiopée sa mère l'avait exposée.

12°. Le *Cocher* contient 43 étoiles dont la brillante α de la 1e. grandeur, nommée *Alahiot* ou la *Chèvre*, a 18°. 40'. ⊓ de longitude, 22°. 51'. de latitude; 74°. 57'. d'ascension droite, et 45°. 44'. de déclinaison. Les deux chevreaux font avec elle un triangle isocèle aigu. Un fameux écuyer nommé Erictonius, roi d'Athènes, attela le premier quatre chevaux de front à un char; pour cette invention, Jupiter le plaça au ciel, où il est connu sous le nom de cocher.

13°. Le *Serpentaire* ou *Ophiucus,* est composé de 29 étoiles dont une de la 2e grandeur à sa tête, désignée α et nommée en arabe *Ras-Alhauge*, a 19°. 17'. ↦ de longitude, et 35°. 53'. de latitude; 261°. 7'. d'ascension droite, et 10°. 8'. de déclinaison.

En 1604, le 9 octobre, il parut une étoile très-brillante, qui avait près de 2°. de latitude et 258°. de longitude. Elle disparut en 1606.

Esculape, fils de Coronis et d'Apollon, fut placé au ciel à cause de sa grande science dans la médecine, ayant rendu la vie à plusieurs par le secours d'une herbe qu'un serpent lui avait indiquée.

14°. Le *Serpent* contient 38 étoiles , dont la claire de son col α de la 2e grandeur a 18°. 50'. ♏ de longitude , 25°. 32'. de latitude; 235°. 14'. d'ascension droite; et 7°. 11'. de déclinaison.

15°. La *Flèche* a 5 étoiles, dont celle près du fer, marquée ζ de la 4e grandeur, a 5°. 55' ♑ de longitude, 39°. 12'. de latitude; 296°. 19'. d'ascension droite et 17°. 49'. de déclinaison.

Cette flèche est celle avec laquelle Hercule tua le vautour, qui dévorait le cœur de Prométhée. Jupiter la plaça au ciel.

16°. L'*Aigle* ou le *Vautour volant*, contient 28 étoiles , dont une au col, marquée α de la 2e grandeur, appelée *Altair*, a 28°. 52'. ♑ de longitude, 29°. 20'. de latitude; 295°. 24'. d'ascension droite, et 8°. 19'. de déclinaison.

17°. *Antinoüs* est composé de 12 étoiles et de 7 informes , dont les modernes font un arc avec sa flèche qu'il tient de sa main. La brillante λ de la 3e grandeur a 14°. 9'. ♑ de longitude

17°. 4o'. de latitude; 281°. 9'. d'ascension droite, et 17°. 4o'. de déclinaison.

Cet enfant était si beau que l'empereur Adrien en faisait ses délices. Il était né à Claudiopolis en Bithynie. Il fut honoré d'une place dans le ciel.

18°. Le *Dauphin* contient 10 étoiles, dont cinq de la 3ᵉ grandeur; celle de la queue marquée ε a 10°. 55' ♒ de longitude, 29°. 7'. de latitude ; 3o6°. 56'. d'ascension droite, et 10°. 34'. de déclinaison.

Arion, excellent joueur de harpe, s'étant jeté dans la mer pour éviter la mort dont l'avaient menacé les matelots, fut reçu par un dauphin qui le porta jusqu'à terre. Cet animal pour sa récompense fut mis dans le ciel.

19°. Le *petit cheval* a 6 étoiles de la 4ᵉ grandeur, celle de la tête, marquée α, a 19°. 55'. ♒ de longitude, 20°. 11'. de latitude ; 316°. 4' d'ascension droite, et 4°. 21'. de déclinaison.

20°. *Pégase* ou le *grand cheval*, contient 23 étoiles, dont 4 sont de la 2ᵉ grandeur. Il y en a deux remarquables dans ses ailes ; la 1ᵉ α nommée *Markab* a 20°. 19'. ♓ de longitude, 19°. 24'. de latitude, 343°. 21'. d'ascension droite, et 13°. 57'. de déclinaison.

La 2ᵉ β nommée *Scheat-Alfarac* a 26°. 14'. ♓ de longitude, 51°. 8' de latitude ; 345°. 11'. d'ascension droite, et 26°. 49'. de déclinaison.

Bellérophon, habile à manier les chevaux, ayant trouvé Pégase cheval aîné, qui du mont Parnasse s'était envolé dans un champ près Corinthe, fut assez adroit pour le monter ; mais voulant le conduire trop haut, il fut tellement secoué qu'il tomba, et Pégase s'envola au ciel.

21°. *Andromède* est composée de 33 étoiles, dont 3 de la 2ᵉ grandeur, celle α de la tête, nommée *Alpheratz*, a 11°. 9'. ♈ de longitude, 25°. 42'. de latitude ; 359°. 49'. d'ascension droite, et 28°. 8'. de déclinaison.

Elle fut exposée sur un rocher à la fureur d'un monstre marin, et délivrée, comme nous avons dit, par Persée.

22°. Le *triangle boréal* a 5 étoiles, celle marquée ε a 7°. 26'. ♉ de longitude, 19°. 25'. de latitude ; 27°. 43'. d'ascens. droite, et 32°. 13'. de déclinaison.

23°. La *chevelure de Bérénice*, connue dans Bayer sous le nom de gerbe de blé, contient 13 étoiles, dont une de la 3ᵉ grandeur, marquée A, a 24°. 41'. ♍ de longitude, et 28°. 24'. de latitude, 183°. 53'. d'ascension droite, et 28°. 48'. de déclinaison.

§. II. *Des treize principales constellations nouvelles boréales.*

1°. Le *Réene* est composé de 14 étoiles, dont une de la 4ᵉ grandeur à la queue, qui a 19°. 50′. ♓ de longitude, et 65°. 0′. de latitude ; 1°. 33′. d'ascension droite, et 84°. 26′. de déclinaison.

2°. La *Giraffe* est composée de 27 étoiles, dont une de la 4ᵉ. grandeur, auprès de la corne, qui a 10°. 11′. ♋ de longitude, et 60°. 40′. de latitude, 132°. 20′. d'ascension droite, et 82°. 38′. de déclinaison.

3°. Le *Linx* comprend 31 étoiles, dont une de la 4ᵉ grandeur a 0°. 19′. ♋ de longitude, et 55°. 54′. de latitude; 89°. 30′. d'ascension droite, et 59°. 2′. de déclinaison.

Le *petit Lion* est composé de 15 étoiles, celle de la 3ᵉ grandeur sur le milieu du corps, a 26°. 1′. ♌ de longitude, et 21°. 56′. de latitude; 157°. 18′. d'ascension droite, et 57°. de déclinaison.

5°. Les *Lévriers* forment une constellation qui contient 10 étoiles, dont une de la 3ᵉ grandeur, appelée le cœur de Charles, a 21° 45′ ♏ de longitude, et 40°. 7′ de latitude; 191°. 38′. d'ascension droite, et 50°. 36′. de déclinaison.

6°. Le *petit triangle* est composé de 5 étoiles.

7°. La *Mouche* renferme 5 étoiles, dont une de la 3ᵉ grandeur a 15°. 20′. ♉ de longitude, et 10°. 30′. de latitude; 39°. 28′. d'ascension droite, et 26°. 51′. de déclinaison.

8°. Le *Renard* et 9°. l'*Oie* contiennent 25 étoiles dont une de la 4ᵉ à la gueule, a 26°. 45′. ♐ de longitude, et 45°. 54′. de latitude; 289°. 47′. d'ascension droite, et 65° 1′ de déclinaison.

10ᵉ. Le *Lézard marin* est composé de 18 étoiles, dont une de la 4.ᵉ grandeur a 5°. 23′. ♈ de longitude, et 55°. 17′. de latitude; 335°. 47′. d'ascension droite, et 40°. 45′. de déclinaison.

11°. *Cerbère* que l'on a substitué à la place du bouquet d'Hercule renferme 11 étoiles.

12°. Le *Mont-Ménale* est composé de 8 étoiles, dont une de la 5ᵉ. grandeur a 5°. 30′. ♏ de longitude, et 17°. 0′. de latitude; 318°. 47′. d'ascension droite, et 2°. 42′. de déclinaison.

13°. Le *Messier*, nouvellement découvert, a 6 étoiles. Il est situé entre Cassiopée, le Réene et la Giraffe.

## §. 3. *Des 12 constellations du Zodiaque.*

1°.  ♈ *Aries* ou le *Bélier* contient 20 étoiles, dont trois sont de la 3ᵉ grandeur, deux dans la corne occidentale, et une dans l'orientale. La claire α du front nommée *Lucida arietis* a 4°. 28′. ♉ de longitude, 9°. 56′. de latitude septentrionale; 29°. 57′. d'ascension droite, et 22°. 30′. de déclinaison.

Ce bélier, couvert d'une toison d'or, sauva Phryxus et Hellès, fils d'Athamant et de Néphéle, de la cruauté d'Ino, fille de Cadmus leur belle-mère. De ces deux infortunés, Hellès tomba dans le Pont, et donna à cette mer le nom d'Hellespont; l'autre, préservé de tous dangers, se retira auprès d'Oétas, roi du Pont, immola à Jupiter ce bélier qui lui avait sauvé la vie, et attacha sa toison dans le temple. Jupiter, content de ce sacrifice, plaça dans le ciel ce bélier, qui, selon Rufus-Festus, n'est pas des plus brillans, ayant laissé sa toison d'or sur terre.

2°.  ♉ *Taurus*, le *Taureau* est composé de 50 étoiles, entre lesquelles une de la 1ᵉ grandeur nommée par les Arabes *Aldebaran* ou l'œil du taureau; elle a 6°. 55′. ♊ de longitude, 5°. 30′. de latitude australe; 65°. 53′. d'ascension droite, et 16°. 5′. de déclinaison.

Ce taureau a été placé au ciel par Jupiter, parce que ce dieu, navigant à Sidon dans un vaisseau qui avait la figure d'un taureau, enleva en Crète Europe, fille d'Agénore, qui jouait près du temple d'Esculape, d'où est venue la fable de Jupiter changé en taureau.

D'autres prétendent que c'est Io ou Isis changée par Junon en vache, et enlevée au ciel par Jupiter. Ce qui fait plaisanter Ovide sur cette incertitude.

Dans cette constellation, on remarque les *Hyades* qui sont à la tête du taureau, appelées ainsi parce qu'elles causent des pluies par leur lever (1) cosmique, faisant allusion aux sept Hyades, filles d'Atlas et d'Hya qui pleuraient la mort de leur frère Hyas, tué par un lion à la chasse, et qui furent enlevées au ciel, et placées, les unes au-dessus du front du taureau, et les autres à la racine de chaque corne.

Les *Pleyades* sont au dos du taureau. Elles étaient sept, et du temps d'Ovide ou n'en comptait que six. Galilée rapporte y avoir observé avec son télescope plus de 40 étoiles, et le P. Zupe, jésuite, plus de 50.

--------

(1) On appelle lever cosmique lorsqu'un astre se lève en même temps que le soleil.

Selon la fable, ces Pleyades furent placées au ciel, parce qu'elles avaient été les nourrices de Jupiter et de Bacchus. La plus brillante est *Maian* mère de Mercure; *Stérope*, *Taygéte* et *Céléno* forment avec *Maian* un quadrilatère; les trois autres sont *Electre*, *Mérope* et *Alcinoë*; la première contristée de l'incendie de Troye ne voulut plus danser avec ses deux sœurs; c'est pour cela qu'elle se cache et ne paraît presque plus.

D'autres disent que celle qui se cache est Mérope, honteuse d'avoir épousé Sysiphe, homme mortel, tandis que ses autres sœurs étaient mariées à des dieux, savoir : Electre, Maian, et Taygéte à Jupiter; Stérope à Mars; Alcinoë et Céléno à Neptune.

3°. ♊ *Gemini*, les *Gemeaux*; cette constellation est composée de 55 étoiles, dont deux de la 2ᵉ grandeur à leurs têtes. Celle qui est à la tête de Castor α appelée *Appollo* a 17°. 1′. ♋ de longitude, 10°. 5′. de latitude septentrionale; 109°. 2′. d'ascension droite et 32°. 21′. de déclinaison septentrionale. Celle qui est à la tête ou au col de Pollux β qu'on appelle *Hercules* a 20°. 4′. ♋ de longitude, 6°. 58′. de latitude septentrionale; 111°. 54′. d'ascension droite, et 28°. 30′. de déclinaison septentrionale.

Jupiter, sous la forme d'un cygne, aima si fortement Léda, fille de Cébale et femme de Tyndare, qu'il en provint un œuf d'où sortirent Castor, Pollux, et Hélène. Il régnait une si grande union entre les deux premiers qu'il n'y avait aucune dispute de prééminence, et qu'ils ne faisaient rien sans se communiquer. Castor ayant été tué au siége de Sparte, Pollux demanda en grâce à Jupiter de donner à son frère la moitié de sa vie, pour pouvoir vivre chaque jour alternativement. Jupiter, pour perpétuer cet exemple d'amitié si rare entre deux frères, les plaça au ciel s'embrassant tendrement et brillant alternativement. Les anciens s'estimaient heureux sur mer lorsqu'ils les apercevaient tous deux briller.

4°. ♋ *Cancer* ou l'*Ecrevisse* contient 35 étoiles, dont deux sont de la 5ᵉ grandeur, et deux autres suivantes en quadrilatère de la 4ᵉ grandeur, que les Grecs appelaient *les Anes*. La plus fameuse est la nébuleuse de la poitrine, désignée ε et nommée la *Crèche*, qui a 4°. 8′. ♌ de longitude, 1°. 14′. de latitude septentrionale; 126°. 46′. d'ascension droite, et 20°. 32′. de déclinaison septentrionale. Galilée a trouvé avec son télescope que cette nébuleuse était composée de 56 petites étoiles.

Cette écrevisse fut mise au ciel à la prière de Junon, parce qu'elle fut tuée par Hercule, lui ayant mordu le pied dans le combat que ce héros eut à soutenir contre l'Hydre.

Jupiter ayant convoqué tous les dieux pour exterminer les géans, Bacchus, Vulcain et Syléne vinrent montés chacun sur un âne. Lorsque les ennemis parurent, ces animaux se mirent à braire si fort, que les géans prirent l'épouvante et s'enfuirent promptement. C'est ce qui a fait mettre ces ânes avec leur étable dans le ciel.

5°. ♌ *Leo*, le *lion*, contient 45 étoiles, dont deux remarquables de la 1ᵉ grandeur; l'une *α* à sa poitrine appelée *Régulus* ou *cœur du lion*, a 26°. 38′. ♌ de longitude, 0°. 26′. de latitude septentrionale; 146°. 1′. d'ascension droite et 13°. 8′. de déclinaison septentrionale.

L'autre *β* à la queue, nommée *Deneb–Ellesed*, queue du lion a 18°. 26′. ♍ de longitude, 12°. 16′. de latitude septentrionale; 173°. 34′. d'ascension droite, et 15°. 50′. de déclinaison septentrionale.

Ce lion est celui qui fut tué par Hercule dans la forêt de Némée.

6°. ♍ *Virgo*, la *Vierge* est composée de 49 étoiles, dont une *α* de la 1ᵉ grandeur, nommée *Azimech* ou *l'Épi*, a 20°. 59′. ♎ de longitude, 1°. 59′. de latitude australe; 198°. 18′. d'ascension droite, et 9°. 57′. de déclinaison septentrionale.

Selon Hésiode, cette vierge est fille de Jupiter et de Thémis, et selon Aratus, d'Astrée et d'Aurore. D'autres prétendent que c'est Erigone, fille d'Icare, qui voyant le siècle d'or changé en siècle de fer, à cause de l'injustice et de l'avarice des hommes, quitta la terre pour se retirer dans le ciel.

7°. ♎ *Libra*, la *Balance* contient 19 étoiles, dont deux sont de la 2ᵉ grandeur. L'une *β* appelée le *milieu du fléau* a 16°. 12′. ♏ de longitude, 8°. 33′. de latitude septentrionale; 226°. 12′. d'ascension droite, et 8°. 30′. de déclinaison australe. L'autre *α* au bassin méridional appelée *Zubeneschemali*, a 11°. 56′. ♏ de longitude, 0°. 25′. de latitude septentrionale; 219°. 57′. d'ascension droite, et 15°. 4′. de déclinaison australe. Une autre *γ* de la 3ᵉ grandeur au bassin boréal appelée *Zubenelgembi* qui a 21°. 58′. ♏ de longitude, 4°. 27′. de latitude septentrionale; 236°. 42′. d'ascension droite, et 14°. 10′. de déclinaison australe.

Cette constellation n'était pas connue du temps des Chaldéens et des Egyptiens, ses étoiles faisant partie du signe du Scorpion, de sorte que les anciens ne connaissaient que onze signes dans le zodiaque. Pline et Suétone rapportent que dans l'espace compris entre la Vierge et le Scorpion, il parut après la mort de Jules-César, pendant 7 jours une comète, qu'on crut être l'âme de César, reçue au ciel.

Ce signe de la balance fut très-célèbre, tant parce qu'il servait d'époque à la fondation de Rome, que parce qu'étant voisin de la section automnale, il faisait le jour égal à la nuit.

8°. ♏ *Scorpius*, le *Scorpion* renferme 50 étoiles, dont une α de la 1ᵉ grandeur, nommée *Antares* ou *cœur du Scorpion* qui a 6°. 55′. ♏ de longitude, 4°. 52′. de latitude méridionale, 245°. 51′. d'ascension droite, et 25°. 53′. de déclinaison méridionale.

De ce que Orion se couche quand le Scorpion se lève, l'on a feint que cet animal avait tué Orion dans le temps qu'il se vantait qu'il n'y avait point d'animal si féroce dont il ne pût venir à bout. Ce Scorpion fut mis au ciel pour avertir les hommes de rabaisser leur ostentation.

9°. ♐ *Sagittarius*, ou le *Sagittaire* contient 28 étoiles, dont deux de la 2ᵉ grandeur; l'une α au genou derrière la couronne a 10°. 56′. ♐ de longitude, 18°. 20′. de latitude australe; 285°. 27′. d'ascension droite, et 41°. 18′ de déclinaison australe.

Quelques-uns prétendent que c'est Crotus, fils d'Euphéne, nourrice des muses, qui, à leurs prières, fut mis au ciel; comme il aimait passionément la chasse, on l'a représenté partie homme et partie cheval, avec un arc et des flèches.

10°. ♑ *Capricornus*, ou le *Capricorne* a 24 étoiles, dont deux de la 5ᵉ grandeur au contour de sa queue et 5 nébuleuses; la brillante α à la corne a 1″. 57′. ♑ de longitude, 7°. 5′. de latitude boréale; 302°. 7′. d'ascension droite, et 15°. 6′. de déclinaison australe.

Hyginus rapporte que dans la guerre des géans, Typhon mit une si grande épouvante parmi les dieux et les déesses qui s'étaient assemblés en Égypte, qu'ils prirent des figures étrangères pour se soustraire à la fureur de leurs ennemis. Pan se changea en bouc marin, (ou capricorne) pour être en sûreté sur mer et sur terre, Jupiter en bélier, Junon en vache, Vénus en Poisson, et ainsi des autres.

11°. ♒ *Aquarius*, ou le *Verseau* contient 49 étoiles, entre lesquelles une de la 5ᵉ grandeur à l'épaule, désignée α qui a 29°. 51′. ♒ de longitude, 10°. 42′. de latitude australe; 327°. 54′. d'ascension droite, et 1″. 57′. de déclinaison australe.

Ganimède, fils de Troilus et de Callirhoë, chassant sur le

mont Ida, fut enlevé par une aigle dans le ciel pour être l'é-chanson des dieux, et le témoin de leurs débauches.

12°. ✕ *Pisces*, ou les *Poissons* renferment 38 étoiles; dans le cordon qui les lie ensemble, il y en a une ✻ de la 3ᵉ grandeur qui a 26°. 10′. γ de longitude, 9°. 4′. de latitude septentrionale; 27°. 36′. d'ascension droite, et 1°. 39′. de déclinaison septentrionale.

Vénus et Cupidon, pour se soustraire à la poursuite des géans, se changèrent en poissons, et furent transportés en Syrie; c'est pour cela que les Syriens, autrefois, s'abstenaient de manger des poissons, de peur de paraître dévorer les dieux.

## §. IV. *Des 15 principales constellations de l'hémisphère méridional.*

1°. *La Baleine*, ou le *monstre marin* renferme 28 étoiles, dont une brillante ✻ à la mâchoire de la 2ᵉ grandeur, nommée en arabe *Menkar Kaitoels*, qui a 11°. 7′. ♉ de longitude. 12°. 56′. de latitude australe; 42°. 55′. d'ascension droite, et 5°. 9′. de déclinaison boréale.

Ce monstre fut envoyé par Neptune pour dévorer Andromède, et fut tué par Persée.

2°. *Orion* contient 59 étoiles, dont deux sont de la 1ᵉ grandeur. Celle du pied nommée *Rigel*. et désignée β a 13°. 36′. ♊ de longitude, 31°. 10′. de latitude australe; 75°. 10′. d'ascension droite, et 8°. 5′. de déclinaison australe.

Sa ceinture est composée de 5 étoiles de la 2ᵉ grandeur, connues vulgairement sous le nom de *bâton de saint Jacques*, ou *des 5 rois*. Galilée a remarqué dans cette constellation, au moyen du télescope, plus de 500 étoiles.

Orion était un grand chasseur aîné de Diane. Apollon en prit jalousie, et provoqua Diane à tirer sur quelque chose de noir, qui sortait de la mer. Cette déesse, ayant tiré sa flèche, vit que c'était Orion qu'elle avait percé. Les dieux, pour la consoler, placèrent dans le ciel cette victime infortunée de la jalousie d'Apollon.

3°. *L'Eridan* renferme 47 étoiles, dont une très-brillante de la 1ᵉ grandeur, désignée ✻, et nommée en arabe *Acharnahar*. Elle a 12°. 15′. ✕ de longitude, 59″. 19′. de latitude; 22°. 57′. d'ascension droite, et 58°. 26′. de déclinaison.

Phaéton, fils du soleil et de Clymène, obtint de son père la permission de conduire son char pendant un jour; mais son défaut d'adresse ayant pensé causer l'embrâsement de l'univers, Jupiter le précipita d'un coup de foudre dans l'Eridan. C'est pour cela que ce fleuve a été mis au ciel.

4°. Le *Lièvre* est composé de 13 étoiles dont une $\beta$ de la 3ᵉ grandeur a 16°. 29′. ♉ de longitude, 45°. 55′. de latitude australe; 79°. 4′. d'ascension droite, et 20°. 56′. de déclinaison australe.

Cet animal fut transporté au ciel, parce que Orion, grand chasseur, et qui avait les faveurs de Diane, aimait passionnément, comme cette déesse, la chasse du lièvre.

5°. Le *grand chien* renferme 18 étoiles, dont une $\alpha$, qui égale Jupiter dans son périgée, se trouve à sa gueule, et s'appelle *Sirius*, a 11°. 4′. ♋ de longitude, 39°. 52′. de latitude australe; 96°. 46′. d'ascension droite, et 16°. 24′. de déclinaison australe.

Les uns prétendent que ce chien était celui d'Orien; d'autres veulent que Aurore donna à Céphée ce chien qui avait une si grande légèreté, qu'il surpassait tous les autres animaux à la course; mais que devant jouter contre un renard à qui Jupiter avait donné une pareille légèreté, il fut enlevé au ciel de peur que les destins ne lui fussent contraires.

6°. Le *Petit Chien*, contient 11 étoiles, dont une brillante $\alpha$ de la 1ᵉ grandeur, et nommée *Procion*, a 22°. 40′. ♋ de longitude, 15°. 57′. de latitude australe: 111°. 1′. d'ascension droite, et 5°. 47′. de déclinaison boréale.

Les anciens ont feint que ce chien avait été placé au ciel avec Erigone, fille d'Icare, à cause de la douleur excessive qu'il avait témoignée de la mort d'Icare son maître tué par des paysans ivres, et de la perte d'Erigone, qui s'était donné la mort en désespoir de celle de son père.

7°. Le *vaisseau d'Argos* renferme 54 étoiles, dont une brillante $\alpha$ de la 1ᵉ grandeur, nommée *Canopus*. Elle a 10°. 24′. ♋ de longitude, 75°. 51′. de latitude australe; 94.° 19′. d'ascension droite, et 51° 41′. de déclinaison australe.

Lorsque les Argonautes, qui passèrent en Colchide, furent de retour avec la conquête de la toison d'or, ils consacrèrent à Neptune le vaisseau qu'ils avaient monté, et qu'ils appelaient *Argo*.

8°. Le *Centaure* contient 54 étoiles, dont deux sont de la 1ᵉ grandeur. Celle désignée $\alpha$ au pied de devant a 27°. 49′. ♏ de longitude, 41°. 10′. de latitude australe; 218°. 40′ d'ascension droite, et 59°. 12′. de déclinaison australe.

Chiron, fils de Saturne et de Phillira, demeurant dans la Thessalie, près le mont Pelion, était grand médecin, et fut choisi par Pelée pour être précepteur d'Achille. Il mourut d'une blessure causée par une flèche d'Hercule qui tomba sur son pied; les dieux l'enlevèrent au ciel, où il est connu sous le nom du Centaure.

9° Le *Loup* est composé de 21 étoiles, dont une ♂ de la 5ᵉ grandeur au pied de derrière a 19°. 52′. de ♏ de longitude, 29°. 20′. de latitude australe; 216°. 47′. d'ascension droite, et 45°. 26′ de déclinaison australe.

On dit que Chiron immola cet animal aux dieux. qui le placèrent au ciel.

10°. L'*Hydre* femelle contient 42 étoiles, dont une brillante *a* de la 1ᵉ grandeur, nommée *Alphard*, ou *cœur de l'hydre*, a 24°. 6′. ♌ de longitude, 22°. 23′. de latitude australe; 138°. 56′. d'ascension droite, et 7°. 57′. de déclinaison.

11°. Le *vase*, ou la *coupe* a 12 étoiles, dont une *ε* de la 4ᵉ grandeur a 22°. 49′ ♍ de longitude, 15°, 10′. de latitude; 168°. 10′. d'ascension droite, et 9.° 14′. de déclinaison.

12°. Le *Corbeau* est composé de 11 étoiles, dont une *γ* de la 3ᵉ grandeur dans l'aîle inférieure, nommée *Algorab* a 7°. 55′. ♎ de longitude, 14°. 25′. de latitude australe; 181°. 0′. d'ascension droite, et 16°. 55′. de déclinaison.

Ces trois constellations ne font qu'une même histoire. On rapporte qu'Apollon, voulant faire un sacrifice, donna une coupe à un corbeau pour aller chercher de l'eau dans un certain endroit qu'il lui indiqua; que le corbeau étant resté trop long-temps, Apollon le punit, en laissant la coupe pleine d'eau, et une hydre auprès de lui pour l'empêcher de boire. C'est ce qui fait qu'on représente le corbeau becquetant le serpent, à cause de la soif qu'il lui fait souffrir.

13°. L'*Autel* a 7 étoiles, dont une *γ* qui est au bas et de la 4ᵉ grandeur, a 19°. 52′. ♐ de longitude, 29°. 20′. de latitude; 255°. 26′. d'ascension droite, et 50°. 12′. de déclinaison.

Cet autel est l'ouvrage des Cyclopes, sur lequel les dieux firent des sacrifices, et jurèrent la ligue qu'ils firent contre les Titans.

14°. La *Couronne méridionale* contient 12 étoiles, dont celle marquée *a* de la 4ᵉ grandeur a 2°. 42′. ♐ de longitude, 21°. 50′. de latitude; 255°. 21′. d'ascension droite, et 50°. 12′. de déclinaison.

15°. Le *Poisson méridional* est composé de 17 étoiles. La plus

brillante *æ* de la 1ᵉ grandeur, nommée *Fomalhaut*, a 0°. 56′.
♓ de longitude, 21°· 6′. de latitude ; 340°. 23′. d'ascension droite,
et 30°. 50′. de déclinaison.

### §. V. *Des 20 principales constellations nouvelles australes.*

1°. Le *Sextant* d'Hévélius contient 17 étoiles, dont une de la
4ᵉ grandeur, dans le milieu, a 0°. 56′. ♍ de longitude, et 11°.
8′. de latitude australe ; 148°. 25′. d'ascension droite, et 0°· 14′.
de déclinaison boréale.

2°· L'*Ecu de Sobieski* est composé de 6 étoiles, dont une à
la croix a 5°. 50′. ♈ de longitude, et 15° 1′. de latitude ; 276°.
48′. d'ascension droite, et 7°. 48′. de déclinaison australe.

3°. La *Grue* a 12 étoiles, dont une au ventre de la 2ᵉ grandeur a 19°. 17′. ♒ de longitude, 31°. 36′. de latitude.

4°. Le *Phénix* contient 13 étoiles, dont une de la 2ᵉ grandeur au col a 11°. 55′. ♑ de longitude, 40°. 10′. de latitude.

5°. L'*Indien* est composé de 12 étoiles, dont une de la 4ᵉ
grandeur à la tête a 0°. 0′. ♒ de longitude, et 52°. 30′. de latitude.

6°. Le *Paon* a 15 étoiles, dont une de la 2ᵉ. grandeur à la
tête a 19°. 9′. ♐ de longitude, et 36°. 0′. de latitude.

7°. L'*Apode* ou l'*Oiseau de Paradis*, contient 12 étoiles,
toutes de la 5ᵉ grandeur, dont une à tête a 19°. 33′. ♐ de longitude, et 44°. 40′. de latitude.

8°. L'*Abeille* a 4 étoiles de la 5ᵉ grandeur, dont celle de la
tête a 17°. 58′. ♍ de longitude, et 54°. 0′. de latitude.

9°. Le *Caméléon* a 10 étoiles de la 5ᵉ grandeur, dont une
au dos qui a 25°. 53′. ♏ de longitude, et 67°. 0′. de latitude.

10°. Le *Triangle austral* a 5 étoiles, dont une à la pointe
boréale de la 5ᵉ grandeur a 6°. 50′. ♐ de longitude, et 41°.
0′. de latitude.

11°. Le *Poisson volant* contient 7 étoiles, dont celle de la
queue de la 5ᵉ grandeur a 8°. 12′. ♏ de longitude, et 82°.
55′. de latitude.

12°. La *Dorade* est composée de 4 étoiles, dont celle de la
queue de la 4ᵉ grandeur a 11°. 58′. ♉ de longitude, et 76°.
15′. de latitude.

13°. Le *grand Nuage* contient 2 étoiles, dont la nébuleuse
a 2°. 5′. ♒ de longitude, et 84°. 0′. de latitude.

14°. Le *Toucan* a 8 étoiles, dont celle de la tête de la 3e. grandeur a 17°. 15′. ♒ et 48°. 15′. de latitude.

15°. L'*Hydre male* a 15 étoiles, dont celle de la tête de la 3e grandeur a 6°. 23′. de longitude, et 64°. 5′. de latitude.

16°. Le *petit Nuage* contient 5 étoiles, dont la nébuleuse a 7°. 3′. ♒ de longitude, et 67°. 0′. de latitude.

17°. Le *Rhomboïde* a 4 étoiles, dont une australe de la 4e. grandeur a 6°. 48′. ♒ de longitude, et 78°. 30′. de latitude.

18. La *Colombe* contient 11 étoiles, dont celle qui est au corps et de la 2e grandeur a 22°. 28′. ♊ de longitude, et 59°. 22′. de latitude.

19°. La *Licorne* d'Hevélius a 29 étoiles, dont celle de l'oreille a 7°. 36′. ♋ de longitude, et 15°. 12′. de latitude.

20°. La *Croix* contient 4 étoiles, qui sont dans les pieds de derrière du Centaure, dont celle marquée ζ de la 2e grandeur a 4°. 50′. de longitude, et 55°. 10′. de latitude.

21°. Le *Chêne carolin* est composé de 9 étoiles, dont une de la 4e grandeur a 21°. 30′. ♎ de longitude, et 58°. 15′. de latitude australe.

### De la Voie lactée.

On appelle *Voie lactée* une bande céleste qui paraît plus lumineuse que le reste du ciel, et qui l'entoure comme une zône de plusieurs degrés, qui suivrait à peu près un grand cercle passant à 35 degrés environ des pôles. Les anciens ont dit que l'origine de cette voie lactée vient de ce que Junon allaitant Hercule, cet enfant la mordit si fortement, qu'elle le jeta là, et perdit beaucoup de son lait ; d'autres que c'était le chemin que les dieux tenaient pour se rendre au palais de Jupiter ; d'autres que c'était la route que Phaëton avait prise pour conduire le char du Soleil, et qu'il eut soin de marquer par une longue traînée de cendre ; enfin, que c'est en cet endroit que s'envolaient les âmes des héros. Elle est connue par les gens de la campagne, sous le nom de *chemin de saint Jacques*. Cette blancheur provient d'une quantité innombrable d'étoiles fixes et fort petites, dont toute cette partie du ciel est parsemée, et qui sont invisibles à la vue simple.

Les tables qui suivent contiennent toutes les constellations avec le nombre qui les composent et leurs différentes grandeurs. Elles sont divisées en 9 colonnes.

La première colonne marque le nombre de la suite de ces constellations avec leurs noms.

La seconde est pour le nombre des étoiles de la première grandeur ; la troisième pour le nombre des étoiles de la seconde grandeur, et ainsi de suite jusqu'à celles de la sixième grandeur.

La huitième colonne donne le nombre des étoiles informes, c'est-à-dire, de celles qui peuvent appartenir à une constellation, et qui n'ont point pu être comprises dans la figure.

Enfin, la neuvième et dernière colonne marque le nombre de toutes les étoiles qui se trouvent dans chaque constellation.

## TABLE

### DES XXIII. CONSTELLATIONS SEPTENTRIONALES CONNUES DES ANCIENS.

| | NOMS. | GRANDEURS. | | | | | | | | Nébuleuse. |
|---|---|---|---|---|---|---|---|---|---|---|
| | | 1re | 2e | 3e | 4e | 5e | 6e | inf. | tot. | |
| 1 | Petite Ourse.... | 0 | 2 | 1 | 4 | 2 | 8 | 1 | 18 | |
| 2 | Grande Ourse... | 0 | 7 | 3 | 12 | 10 | 10 | 0 | 42 | |
| 3 | Dragon......... | 0 | 1 | 11 | 10 | 10 | 1 | 0 | 33 | |
| 4 | Céphée......... | 0 | 1 | 2 | 5 | 9 | 7 | 2 | 26 | |
| 5 | Chev. de Bérénice | 0 | 0 | 1 | 11 | 1 | 0 | 0 | 13 | |
| 6 | Bouvier ........ | 1 | 0 | 6 | 13 | 7 | 11 | 1 | 39 | |
| 7 | Couronne boréale | 0 | 1 | 0 | 4 | 6 | 7 | 0 | 18 | |
| 8 | Hercule......... | 0 | 0 | 9 | 15 | 9 | 19 | 0 | 52 | |
| 9 | La Lyre......... | 1 | 0 | 2 | 3 | 6 | 5 | 2 | 17 | |
| 10 | Cygne.......... | 0 | 1 | 8 | 16 | 2 | 14 | 1 | 42 | 2 |
| 11 | Cassiopée....... | 1 | 0 | 5 | 5 | 5 | 17 | 5 | 36 | |
| 12 | Persée.......... | 0 | 1 | 5 | 9 | 7 | 10 | 2 | 44 | |
| 13 | Chartier........ | 1 | 2 | 0 | 7 | 11 | 20 | 6 | 45 | |
| 14 | Serpentaire ..... | 1 | 0 | 5 | 11 | 8 | 4 | 0 | 29 | |
| 15 | Serpent......... | 0 | 1 | 8 | 7 | 3 | 19 | 0 | 38 | |
| 16 | Flèche ......... | 0 | 0 | 0 | 3 | 0 | 1 | 1 | 5 | |
| 17 | L'Aigle......... | 0 | 1 | 3 | 2 | 9 | 11 | 2 | 28 | |
| 18 | Antinoüs ....... | 0 | 0 | 5 | 2 | 4 | 8 | 0 | 17 | |
| 19 | Dauphin........ | 0 | 0 | 5 | 0 | 1 | 4 | 0 | 10 | |
| 20 | Petit Cheval..... | 0 | 0 | 0 | 6 | 0 | 0 | 0 | 6 | |
| 21 | Pégase ......... | 0 | 3 | 5 | 8 | 2 | 6 | 0 | 23 | |
| 22 | Andromède ..... | 0 | 3 | 2 | 9 | 12 | 4 | 3 | 53 | 1 |
| 23 | Triangle boréal.. | 0 | 0 | 0 | 5 | 2 | 0 | 0 | 5 | |
| | Total .... | 5 | 24 | 84 | 165 | 156 | 184 | 24 | 619 | |

# TABLE

## DES XII. CONSTELLATIONS SEPTENTRIONALES MODERNES.

| | NOMS. | 1re | 2e | 3e | 4e | 5 | 6e | inf. | tot. | Nébuleuse. |
|---|---|---|---|---|---|---|---|---|---|---|
| 1 | Récne .......... | 0 | 0 | 0 | 1 | 1 | 12 | 0 | 14 | |
| 2 | Giraffe ......... | 0 | 0 | 0 | 2 | 2 | 10 | 13 | 27 | |
| 3 | Linx. .......... | 0 | 0 | 1 | 2 | 11 | 11 | 6 | 31 | |
| 4 | Petit Lion ...... | 0 | 0 | 0 | 6 | 7 | 3 | 0 | 16 | |
| 5 | Lévriers ........ | 0 | 0 | 1 | 0 | 4 | 4 | 1 | 10 | |
| 6 | Petit Triangle ... | 0 | 0 | 0 | 0 | 3 | 0 | 0 | 3 | |
| 7 | Mouche ........ | 0 | 0 | 1 | 2 | 2 | 0 | 0 | 5 | |
| 8 | Renard... } | | | | | | | | | |
| 9 | L'Oye.... } .... | 0 | 0 | 0 | 6 | 4 | 15 | 0 | 25 | |
| 10 | Lézard marin.... | 0 | 0 | 0 | 0 | 4 | 4 | 0 | 8 | |
| 11 | Cerbére ........ | 0 | 0 | 0 | 2 | 5 | 4 | 0 | 11 | |
| 12 | Mᵗ Ménale ...... | 0 | 0 | 1 | 0 | 3 | 4 | 0 | 8 | |
| | TOTAL. . | 0 | 0 | 4 | 21 | 46 | 67 | 20 | 158 | |

# TABLE

## DES XII. SIGNES DU ZODIAQUE.

| | NOMS. | 1re | 2e | 3e | 4e | 5 | 6e | inf. | tot. | Nébuleuse. |
|---|---|---|---|---|---|---|---|---|---|---|
| 1 | Belier .......... | 0 | 0 | 1 | 3 | 5 | 11 | 0 | 20 | |
| 2 | Taureau ........ | 1 | 1 | 5 | 8 | 18 | 18 | 0 | 50 | |
| 3 | Gémeaux ....... | 0 | 3 | 4 | 7 | 9 | 10 | 0 | 33 | |
| 4 | L'Ecrévisse ..... | 0 | 0 | 2 | 3 | 7 | 23 | 0 | 35 | 1 |
| 5 | Lion .......... | 2 | 2 | 5 | 14 | 7 | 15 | 0 | 45 | |
| 6 | Vierge ......... | 1 | 0 | 5 | 7 | 14 | 22 | 0 | 49 | |
| 7 | Balance ........ | 0 | 2 | 2 | 10 | 3 | 2 | 0 | 19 | |
| 8 | Scorpion ........ | 1 | 1 | 10 | 9 | 6 | 3 | 0 | 50 | |
| 9 | Sagittaire ....... | 0 | 2 | 6 | 5 | 9 | 5 | 1 | 28 | |
| 10 | Capricorne...... | 0 | 0 | 4 | 1 | 7 | 12 | 0 | 24 | 3 |
| 11 | Verseau ........ | 0 | 0 | 4 | 7 | 24 | 10 | 4 | 49 | |
| 12 | Poissons ........ | 0 | 0 | 0 | 5 | 19 | 14 | 0 | 81 | |
| | TOTAL. . | 5 | 11 | 48 | 79 | 128 | 145 | 5 | 483 | |

# TABLE

## DES XV. CONSTELLATIONS MÉRIDIONALES DES ANCIENS.

| NOMS. | 1.re | 2.e | 3.e | 4.e | 5.e | 6.e | inf. | tot. | Nébuleuse. |
|---|---|---|---|---|---|---|---|---|---|
| 1 Baleine.......... | 0 | 2 | 8 | 13 | 5 | 0 | 0 | 28 | |
| 2 Orion........... | 1 | 5 | 4 | 15 | 18 | 13 | 3 | 59 | |
| 3 Eridan.......... | 1 | 0 | 10 | 26 | 4 | 3 | 3 | 47 | |
| 4 Liévre.......... | 0 | 0 | 4 | 4 | 4 | 1 | 0 | 13 | |
| 5 Grand Chien.... | 1 | 1 | 5 | 2 | 9 | 0 | 0 | 18 | |
| 6 Petit Chien..... | 1 | 0 | 1 | 0 | 0 | 9 | 0 | 11 | |
| 7 Navire.......... | 1 | 7 | 6 | 17 | 19 | 4 | 0 | 54 | |
| 8 Hydre femelle... | 1 | 0 | 2 | 13 | 12 | 13 | 1 | 42 | |
| 9 Coupe........... | 0 | 0 | 0 | 8 | 1 | 3 | 0 | 12 | |
| 10 Corbeau........ | 0 | 0 | 4 | 1 | 5 | 1 | 0 | 11 | |
| 11 Centaure....... | 1 | 3 | 7 | 14 | 8 | 1 | 0 | 34 | |
| 12 Loup........... | 0 | 0 | 2 | 13 | 5 | 1 | 0 | 21 | |
| 13 Autel.......... | 0 | 0 | 0 | 5 | 2 | 0 | 0 | 7 | |
| 14 Couronne austr.. | 0 | 0 | 0 | 4 | 6 | 2 | 0 | 12 | |
| 15 Poisson australe. | 1 | 0 | 3 | 10 | 3 | 0 | 0 | 17 | |
| TOTAL. . | 8 | 18 | 56 | 143 | 01 | 51 | 7 | 386 | |

# TABLE

## DES XXI. CONSTELLATIONS MÉRIDIONALES MODERNES.

| NOMS. | 1re | 2e | 3e | 4e | 5e | 6e | inf. | tot. | Nébul. |
|---|---|---|---|---|---|---|---|---|---|
| 1 Sextant............ | 0 | 0 | 0 | 1 | 4 | 11 | 1 | 17 | |
| 2 Ecu de Sobieski. | 0 | 0 | 1 | 2 | 0 | 3 | 0 | 6 | |
| 3 Grue............ | 0 | 3 | 3 | 2 | 4 | 0 | 0 | 12 | |
| 4 Phénix......... | 0 | 1 | 3 | 6 | 3 | 0 | 0 | 13 | 2 |
| 5 Indien.......... | 0 | 0 | 0 | 6 | 3 | 3 | 0 | 12 | |
| 6 Paon........... | 0 | 1 | 3 | 1 | 6 | 4 | 0 | 15 | 2 |
| 7 Oiseau de Paradis | 0 | 0 | 0 | 0 | 12 | 0 | 0 | 12 | |
| 8 Abeille......... | 0 | 0 | 0 | 0 | 4 | 0 | 0 | 4 | |
| 9 Caméléon....... | 0 | 0 | 0 | 0 | 10 | 0 | 0 | 10 | |
| 10 Triangle austral. | 0 | 0 | 3 | 1 | 1 | 0 | 0 | 5 | |
| 11 Poisson volant... | 0 | 0 | 1 | 0 | 1 | 5 | 0 | 7 | |
| 12 Dorade......... | 0 | 0 | 0 | 3 | 1 | 0 | 0 | 4 | 1 |
| 13 Grand Nuage.... | 0 | 0 | 0 | 0 | 2 | 0 | 0 | 2 | 1 |
| 14 Toucan......... | 0 | 0 | 4 | 3 | 1 | 0 | 0 | 8 | |
| 15 Hydre mâle..... | 0 | 1 | 3 | 9 | 0 | 0 | 0 | 13 | |
| 16 Petit Nuage..... | 0 | 0 | 0 | 1 | 0 | 0 | 0 | 1 | 1 |
| 17 Rhomboïde ..... | 0 | 0 | 0 | 2 | 0 | 2 | 0 | 4 | |
| 18 Colombe........ | 0 | 2 | 0 | 9 | 0 | 0 | 0 | 11 | |
| 19 Licorne......... | 0 | 0 | 2 | 10 | 7 | 4 | 6 | 29 | |
| 20 Croix.......... | 0 | 2 | 2 | 0 | 0 | 0 | 0 | 4 | |
| 21 Chêne de Charles | 0 | 0 | 0 | 5 | 5 | 0 | 0 | 10 | |
| Total.    . | 0 | 10 | 25 | 61 | 64 | 32 | 7 | 199 | |

Total de toutes les Etoiles qui sont sur le Globe céleste..... }  18 | 63 | 217 | 471 | 451 | 479 | 64 | 1763 | et 15 nébuleuses.